现代物流与供应链管理丛书

非对称信息下供应链减排策略研究

苏秦 李剑/著

科学出版社
北京

内 容 简 介

针对供应链减排中政府、企业及消费者间信息不对称问题，基于委托-代理分析框架，结合供应链契约理论和非合作博弈理论，研究政府驱动、消费者驱动，以及政府和消费者共同驱动下供应链减排策略。本书从供应链视角揭示了核心企业在信息不对称下的减排策略，拓展了委托-代理理论在供应链减排中的应用，并设计了复合减排机制，从理论上验证了信息不对称环境下单一和复合减排机制对供应链减排的适用性。

本书可供经济与管理领域的高等院校高年级本科生、研究生及科研人员阅读参考，也可供企业管理者和政府部门决策参考。

图书在版编目（CIP）数据

非对称信息下供应链减排策略研究/苏秦，李剑著. —北京：科学出版社，2021.12

（现代物流与供应链管理丛书）

ISBN 978-7-03-066600-0

Ⅰ. ①非… Ⅱ. ①苏… ②李… Ⅲ. ①供应链管理–研究 ②二氧化碳–减量化–排气–研究 Ⅳ. ①F252.1 ②X511

中国版本图书馆 CIP 数据核字（2020）第 212432 号

责任编辑：王丹妮 / 责任校对：严 娜
责任印制：张 伟 / 封面设计：无极书装

科学出版社 出版

北京东黄城根北街 16 号
邮政编码：100717
http://www.sciencep.com

北京捷迅佳彩印刷有限公司 印刷
科学出版社发行 各地新华书店经销
*
2021 年 12 月第 一 版　开本：720×1000　1/16
2021 年 12 月第一次印刷　印张：8
字数：160 000
定价：102.00 元
（如有印装质量问题，我社负责调换）

丛书编委会

顾问（按姓氏拼音排序）

陈剑、陈荣秋、胡祥培、黄海军、梁樑、侍乐媛、宋京生、唐加福、汪应洛、杨海、郑大昭

主编 汪寿阳

编辑委员会（按姓氏拼音排序）

陈友华、冯耕中、龚其国、何勇、华国伟、李京安、李彦志、毛保华、苏秦、汪寿阳、王海燕、王能民、严厚民、张汉勤、张菊亮、赵林度

丛 书 序

信息技术的飞速发展改变了人类许多传统的活动方式,特别是互联网技术和电子支付技术的进步,极大地促进了电子商务的发展,人们足不出户就可以在网上购物。国家统计局的数据显示,2014年我国全社会电子商务交易额为16.39万亿元,2015年已达到21.78万亿元。快速增长的电子商务交易必然要求高效率的上游企业原材料和半成品以及下游企业成品的生产、仓储、运输以及配送等,而这些活动正是物流与供应链管理所要研究的重要内容。企业必须提高自身物流和供应链管理的水平才能生存与发展。近年来,随着无线互联网技术和无线电子支付技术的发展,人们更可以随时随地在网上购物,如2016年天猫"双11"全球狂欢节总交易额超1207亿元,无线交易额占81.87%。这是一个日新月异的时代,不变革无以求生存。物流与供应链管理的研究更应与时俱进,开拓创新。

进入21世纪以来,经济发展的不平衡导致各国贸易摩擦增多,而环境问题成为世界经济发展的一个重要制约因素。经济、社会和环境的协调发展已经是人类社会可持续发展的一个必然选择。现代企业必须以经济、社会和环境协调优化作为其管理目标,必须在各种有关法规和标准约束下进行决策与运营。值此关键时刻,国家自然科学基金委员会管理科学部立项重大研究项目"面向经济、社会和环境协调发展的现代物流管理研究",由中国科学院数学与系统科学研究院、东南大学、西安交通大学、北京交通大学与香港城市大学深圳研究院共同承担。项目以"国际视野、中国问题"为原则,针对中国物流业发展中的突出问题和重点需求,探索中国物流系统可持续发展(高效、低耗、绿色、环保)的理论、方法和应用策略,目标是创建"资源节约型、环境友好型"的可持续发展物流管理理论,推动中国物流学科的发展,以支持中国经济、社会和环境协调发展的现代物流服务体系的建设,推动经济、社会和环境的协调可持续发展。

为推动国内外学术界、企业界与政府相关部门的合作,同时使项目研究成果能更好地指导企业的实际应用和政府部门的科学决策,在国家自然科学基金委员会管理科学部和科学出版社的支持下,我们出版本套丛书。丛书将以物流管理为主线、以供应链管理为思想基础展开讨论,不仅有系统的理论研究和方法研究,也有相当比例的应用研究(包括案例研究)。期望本套丛书的出版,能给物流与供应链管理专业的师生和从事相关工作的管理人员与政府领导带来新的思想、理论、方法和技术，从而推动物流与供应链管理的学科发展。

汪寿阳

中国科学院特聘研究员、教育部长江计划特聘教授

发展中国家科学院院士

国际系统与控制科学院院士

亚太工业工程与管理协会会士

2016 年 11 月

前　言

二氧化碳等温室气体排放是全球变暖的主要原因，根据联合国政府间气候变化专门委员会（Intergovernmental Panel on Climate Change，IPCC）2014年发布的第五次评估报告数据，与2007年发布的第四次报告相比，气候变化比原来人们认识到的更加严重，而且IPCC有95%以上的把握认为全球变暖主要是人类燃烧化石能源和毁林开荒等行为造成的。企业是二氧化碳等气体排放的主体，供应链上下游企业间建立战略合作关系，并且与重要的供应商、零售商及消费者开展工作，有利于提高供应链减排效率。企业减排动力主要来自政府和消费者，政府在减排初期起到重要的引导作用，随着消费者低碳环保意识的提高，消费者的低碳需求也对企业减排起到重要的驱动作用。由于"利己"行为的存在，企业和消费者并不会主动披露自身信息，这严重影响到政府引导减排效果和供应链减排效率。

本书以供应链为研究对象，参考新能源汽车产业从政府引导逐渐转变为市场驱动的发展过程，提出本书研究问题：基于非对称信息视角，在外界单一低碳要素和多种低碳要素驱动下，供应链上下游企业如何协调以实施减排策略。第一，政府需要考虑逆向选择和道德风险问题，设计激励契约，该部分研究核心生产商在该激励契约下如何联合供应商进行减排。第二，供应链核心生产商需要制定契约甄别消费者偏好信息，该部分研究消费者偏好信息不对称下供应链减排策略。第三，碳交易等市场机制将逐渐取代补贴政策，联合消费者共同推进供应链减排，此时政府的目标是实现整个系统的社会福利最优，本书从非对称信息视角，研究社会福利最优下供应链减排策略。本书基于委托-代理理论，结合供应链契约理论和非合作博弈理论，将生产商作为供应链中核心企业，考虑上下游企业对其减排决策的影响，从非对称信息视角分别研究政府驱动、消费者驱动及政府和消费者共同驱动下供应链上下游企业的减排策略。

本书共分为六章。

第一章为绪论，主要阐述该研究的现实背景和理论背景，提出本书所要研究的问题和研究意义，介绍本书的研究思路和研究内容。

第二章为非对称信息下供应链减排的理论基础，对本书涉及的理论基础和分析框架进行分析，并结合本书提到的三个问题对当前研究动态进行综述和评述。

第三章为政府激励契约下供应链减排策略研究。基于委托-代理理论，构建包括政府、生产商和供应商在内的驱动模型。主要内容包括：①不考虑供应商减排，针对生产商减排量和减排成本信息私有时造成的道德风险与逆向选择并存问题，研究政府激励契约下生产商的减排策略；②考虑供应商减排时政府激励契约下生产商的减排策略，此时生产商获得的净补贴为政府对生产商的补贴减去生产商对供应商的补贴；③通过对单层委托-代理模型和双层委托-代理模型的比较，进一步从供应链层面给出生产商最优减排策略，进一步得出结论和管理启示。

第四章为消费者甄别契约下供应链减排协调策略研究。基于委托-代理理论构建包括生产商、供应商和消费者在内的驱动模型。主要内容包括：①不考虑供应商减排，研究低碳偏好信息私有时生产商减排契约设计问题，分别对对称信息和非对称信息两种情况进行讨论，由于低碳偏好高的消费者存在模仿低碳偏好低的消费者的积极性，对称信息下的减排契约并不适用于非对称信息下的情况；②考虑供应商减排，分别从对称信息和非对称信息两方面研究分散决策下生产商和供应商减排时减排契约的设计问题；③研究非对称信息下，供应商减排成本分担的协调策略下生产商减排契约的设计问题，进一步得出结论和管理启示。

第五章为基于社会福利最优的供应链减排策略研究。当政府和消费者共同驱动时，政府目标是实现整个系统的社会福利最优，构建包含零售商和生产商在内的供应链，研究非对称信息下政府和消费者共同驱动时供应链减排策略。主要内容包括：①基于消费者低碳偏好信息私有情况，研究单一碳税机制下供应链减排契约设计问题，分别按照对称信息和非对称信息两种情况进行比较分析；②基于低碳偏好信息私有情况，研究碳税联合碳交易机制下供应链减排契约设计问题，分析碳税税率与碳交易价格之间的关系，为复合减排机制下供应链减排措施提供依据，进一步得出结论和管理启示。

第六章为结论与展望。该章是对本书主要工作的总结和进一步凝练，提出政策建议及本书存在的不足，并对未来研究进行展望。

本书的主要创新和特色体现在以下三个方面。

（1）针对政府与供应链之间的信息不对称问题，综合考虑政府与供应链核心生产商之间的逆向选择和道德风险问题，结合基于委托-代理模型的激励理论分析框架，将单层委托-代理模型拓展到包含政府、生产商及供应商在内的双层委托-代理模型。设计促进生产商联合供应商减排的激励契约，发现供应链中生产商获得政府更多减排激励的条件：生产商对供应商减排的激励强度分布在使得政府期望收益至少与生产商单独减排时相等的区间内。本书为供应链减排中的双层-委托代理问题提供了研究依据和思路。

（2）针对消费者与供应链之间的信息不对称问题，将消费者低碳偏好作为影响需求和消费者效用的重要因素，发现生产商与消费者之间信息不对称下减排量与产品溢价的内在关联，基于生产商与消费者之间的委托-代理模型，设计用于甄别消费者类型的减排契约，解决非对称信息下生产商对低碳产品定价的问题，拓展契约理论在委托-代理问题中的应用。在此基础上，将以往研究中对称信息下的减排成本分担契约拓展到非对称信息下，揭示非对称信息下协调契约对生产商收益的影响机理：与低碳偏好高的消费者相比，低碳偏好低的消费者对应的协调契约能够为生产商带来更多的收益。本书为委托-代理中的供应链协调问题提供了研究依据和思路。

（3）将社会福利作为政府和消费者共同驱动下的优化目标，设计非对称信息下考虑消费者影响的单一和复合减排机制，将以往研究中对称信息下的定额碳税税率拓展到非对称信息下差异化的碳税税率，明确非对称信息下碳税税率和碳交易价格之间的互动机理：碳交易价格与碳税税率之间呈负相关关系，并且当碳交易价格确定时，低碳偏好低的消费者对应的碳税税率大于低碳偏好高的消费者对应的碳税税率。本书通过社会福利函数的构建为非对称信息下政府减排市场机制的设计及供应链减排策略的实施提供了依据和思路。

本书的研究得到了国家自然科学基金重大项目"面向经济、社会和环境协调发展的现代物流管理研究"（项目编号：71390330）和西安交通大学人文社会科学学术著作出版基金的资助，还得到了西安交通大学管理学院、西安交通大学机械制造系统工程国家重点实验室、西安交通大学过程控制与效率工程教育部重点实验室等机构的支持，我们对这些机构的资助和支持表示衷心的感谢！

由于笔者学识有限，书中难免存在不足之处，恳请广大读者提出宝贵意见。

苏秦　李剑

2020 年 5 月 14 日于西安交通大学管理学院

目 录

第一章 绪论 ……………………………………………………………… 1
第一节 控制供应链碳排放是减排主要途径 …………………………… 1
第二节 政府和消费者是供应链减排的重要驱动主体 ………………… 2
第三节 信息不对称是影响供应链减排效率的重要因素 ……………… 4
第四节 本书研究问题及意义 …………………………………………… 5
第五节 本书研究内容及框架 …………………………………………… 7

第二章 非对称信息下供应链减排的理论基础 ………………………… 9
第一节 委托-代理理论及相关研究 ……………………………………… 9
第二节 供应链契约理论及相关研究 …………………………………… 15
第三节 非合作博弈理论及相关研究 …………………………………… 20
第四节 现有研究评述 …………………………………………………… 21

第三章 政府激励契约下供应链减排策略研究 ………………………… 23
第一节 骗补事件及解决方案 …………………………………………… 23
第二节 政府激励模型描述与假设 ……………………………………… 24
第三节 模型一：激励契约下不考虑供应商时生产商减排模型 ……… 26
第四节 模型二：激励契约下考虑供应商时供应链减排协调模型 …… 36
第五节 供应链减排策略和收益比较分析 ……………………………… 42
第六节 数值算例 ………………………………………………………… 44
第七节 结论和启示 ……………………………………………………… 48
第八节 本章小结 ………………………………………………………… 50

第四章 消费者甄别契约下供应链减排协调策略研究 ………………… 51
第一节 消费者需求与偏好 ……………………………………………… 51

第二节 甄别契约模型描述与假设 ·· 52
第三节 模型一：甄别契约下不考虑供应商时生产商减排模型 ·········· 54
第四节 模型二：甄别契约下考虑供应商时供应链减排协调模型 ······· 58
第五节 数值算例 ··· 67
第六节 结论和启示 ··· 73
第七节 本章小结 ·· 75

第五章 基于社会福利最优的供应链减排策略研究 ·········· 76
第一节 减排机制与供应链运作研究 ·· 76
第二节 社会福利模型描述与假设 ··· 77
第三节 模型一：碳税机制下社会福利模型 ······························· 79
第四节 模型二：复合减排机制下社会福利模型 ························· 86
第五节 数值算例 ··· 93
第六节 结论和启示 ··· 96
第七节 本章小结 ·· 98

第六章 结论与展望 ·· 99
第一节 全书总结 ·· 99
第二节 政策建议 ··· 101
第三节 研究不足和展望 ·· 103

参考文献 ·· 104
附录 主要符号表 ··· 114

第一章 绪　　论

第一节　控制供应链碳排放是减排主要途径

经济的迅速发展加速了化石能源的消耗，由此带来的环境问题逐渐引起世界各国的重视，其中最主要的是全球变暖问题，这主要是由以二氧化碳为主的温室气体排放造成的。2014 年，IPCC 第五次评估报告中提到，与 2007 年发布的第四次报告相比，气候变化要比原来认识到的更加严重，而且 IPCC 有 95% 以上的把握认为全球变暖主要是人类燃烧化石能源和毁林开荒等行为造成的。中国自 2006 年已经超越美国成为全球最大碳排放国，2013 年中国人均碳排放 7.2 t，超过欧盟的 6.8 t，碳排放总量占全球 28%，已经超越欧盟和美国的总和。2020 年 9 月 22 日，中国在第七十五届联合国大会上提出，中国二氧化碳排放力争于 2030 年前达到峰值，努力争取 2060 年前实现碳中和，在 2021 年国务院政府工作报告中，碳达峰和碳中和政策也首次被写入政府工作报告。建立健全的绿色低碳循环发展经济体系，构建市场导向的绿色技术创新体系是我国乃至世界经济发展中的重要任务之一。

供应链企业间通过建立战略合作关系，可以与重要的供应商、零售商及消费者有效开展工作，这对于提高企业自身收益、实现供应链企业之间的协调具有重要意义。此外，不同企业在规模、人力资源及竞争力等因素上存在差异，企业间会存在不同的角色和地位差异，虽然供应链中上下游企业是平等协作关系，但是会呈现相对的核心企业和非核心企业，处于核心地位的企业，由于自身利益在整个供应链上战略意义最大，并且掌握利益分配的主动权，其会投入大量人力、物力及财力以使得自身利益最大化（成本最小化），而处于非核心地位的企业则要根据核心企业的决策调整自身决策，核心企业的减排行为同样对上下游企业起到很重要的影响作用。例如，宝洁公司（以下简称宝洁）于 2010 年 5 月推出"宝洁供应商可持续发展记分卡"，通过记分卡评估办法，供应商很容易看到宝洁在节能减排方面取得的进展，有利于供应商和宝洁一起探讨所在供应链节能减排方面的措施（Cetinkaya，2010）；西门子股份公司鼓励其供应商减少能源消耗和温室气体排放以实现绿色供应链管理的目的（Uebelhoer et al.，2013）；国际零售商沃尔玛百货有限公司（以下简称沃尔玛）通过整合供应商生产和供货模式，与供应商共同实现减排目标，促使其 60 000 家供应商改进包装印刷工艺，减少其包装印刷总量的 5%，并有效减少 667 000 m³ 的碳排放（Hoffman，2007）。

第二节　政府和消费者是供应链减排的重要驱动主体

企业减排动力主要来自外部低碳要素的驱动。例如，燃油汽车的高碳排放（包括生产和使用过程中的碳排放）是造成温室效应的重要原因之一，而新能源汽车（主要包括符合相关国家标准或行业标准的纯电动车、插电式混合动力汽车、燃料电池汽车）因其低能耗低排放已成为世界各国加快推进汽车产业结构升级和应对能源危机、环境恶化的重要举措（王文伟和张丽莉，2015），这主要是通过清洁能源的使用及清洁生产技术的运用等方式使得汽车使用过程中的碳排放降到最低甚至为零。我国政府自 2009 年 1 月启动了新能源汽车示范运行项目，通过财政补贴等措施向市场推广新能源汽车，许多仅生产燃油汽车的企业开始投资新能源汽车项目。根据《2016 中国新能源车消费者白皮书》，从消费者购买新能源汽车的动机来分析，42%的消费者是出于废气排放少等环境因素，有超过四成的消费者是出于使用成本低等价格因素，仅有三成消费者是出于政府补贴因素，越来越多的消费者是出于自身对低碳产品的偏好而选择新能源汽车。但是随着"新能源汽车骗补"等事件的出现，政府补贴逐渐退坡，2016 年 8 月 2 日，国家发展和改革委员会办公厅发布了《新能源汽车碳配额管理办法》（征求意见稿），碳交易等市场机制将逐渐取代补贴政策，与消费者共同推动新能源汽车产业的发展。

环境治理是各国政府的重要职责，关乎经济是否可持续发展及该国在国际上的地位和声誉。此外，市场中的消费者是产品和服务的最终受用者，企业进行任何生产必须要考虑市场中消费者的需求，消费者对低碳环保型产品的需求会促使企业不断加大对低碳技术研发的投入（Chitra，2007；Bocken and Allwood，2012；Kim and Sim，2015）。将企业减排驱动要素按照坐标轴的方式表示出来，见图 1-1，

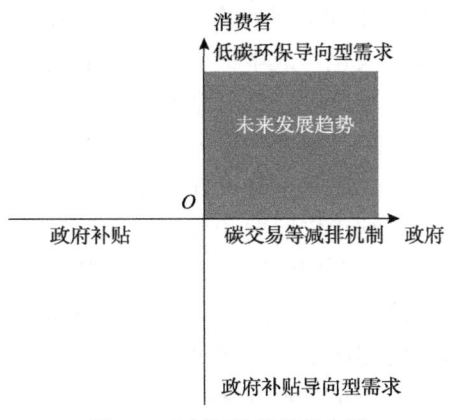

图 1-1　减排驱动要素分析

横坐标表示政府，纵坐标表示消费者，随着政府对企业减排技术驱动方式由政府补贴逐渐转向碳交易等减排机制，以及消费者需求由政府补贴导向型需求向低碳环保导向型需求转变，企业将在消费者自主需求和碳交易等市场机制共同驱动下减排。

（1）政府对供应链减排起到主要引导作用。政府通常首先介入到企业减排行动中，对企业减排起到重要的引导作用（Dröge and Schröder，2005；Liu，2009）。在世界范围内，早在1992年，欧盟委员会就颁布了能耗标识法规，要求家电类产品制造企业在其产品上标识出能源效率等级、年能耗量等信息，这促使企业不断提高节能生产技术，有效降低了碳排放。在中国，2009年，工业和信息化部（以下简称工信部）、国家发展和改革委员会及财政部联合推广了"节能产品惠民工程"，对能效1级或2级以上的产品进行财政补贴，这极大促进了低碳产品的推广。此外，政府通过碳交易和碳税等减排政策来减少二氧化碳的排放，欧盟碳排放交易体系（European Union Emission Trading Scheme，EU-ETS）运行机制均遵行碳交易机制（cap and trade），其覆盖量几乎超过欧盟碳排放总量的一半（Hintermann，2010）。我国自2013年开始在七省市（北京、广东、湖北、上海、深圳、天津和重庆）实行碳交易试点工作，并取得了良好的效果，碳税政策由于实施成本和难度较小，早在20世纪90年代在丹麦、瑞典及芬兰等一些北欧国家开始推行，目前主要集中在经济合作与发展组织（Organization for Economic Co-operation and Development，OECD）国家中施行。

（2）消费者倒逼企业减排以满足其对低碳产品的需求。随着环境问题的加剧，消费者逐渐意识到低碳环保的重要性，低碳环保意识的提高使得价格已经不是影响消费者购买决策的唯一因素（Abad and Jaggi，2003；Andreyeva et al.，2010；Motamedi et al.，2012）。消费者在考虑价格的同时会越来越倾向于"环境友好型"产品（Chen，2001；Young et al.，2010；Altmann，2015），甚至部分消费者只重视产品的低碳环保性能，此类消费者可以接受低碳产品额外的溢价（Chitra，2007）。例如，Bemporad 和 Baranowski（2007）研究发现在美国消费人群当中，67%的消费者认为产品的低碳环保性很重要，而51%的消费者会为低碳产品支付高价，Brécard等（2009）研究显示，2005年31%欧洲人愿意购买价格更高的绿色产品，而2008年这一比例上升至75%，欧洲人的低碳消费意识在逐渐提高。消费者的消费方式逐渐发生转变：①适度节制高耗能、高污染产品的消费，避免或减少耗能产品对环境的破坏；②通过选择低碳、新技术产品等方式逐渐实现恒温消费、经济消费、安全消费、可持续消费及新领域消费；③更加崇尚低碳简约的包装方式，减少包装材料和包装产品在自然环境中降解的过程中对环境的破坏，更加注重再制造产品（包括可降解塑料、再生纸及采用循环使用零部件的机器等产品）的使用。消费者低碳需求的增加不断倒逼企业生产更加低碳环保的产品（Loureiro，

2003；Bazoche et al.，2008）。

第三节　信息不对称是影响供应链减排效率的重要因素

一、政府与供应链之间存在信息不对称

　　企业并不会主动披露自身信息，这就导致政府并不能有效观测到企业减排相关信息，一些企业为了减少减排投入，提高收益，其投资的减排设备只在政府检查时临时运营。例如，在2015年9月，美国环境保护署指控大众汽车所售部分柴油汽车专门安装了应对尾气排放检查的"失效保护器"，导致汽车在正常运行时所排放的尾气最大可达美国法定标准的40倍，涉案汽车超过1000万辆，累计罚款超过240亿美元，公司市值蒸发1/3。在我国也出现过类似事件，2018年1月9日，据环保部门通报，山东凯马汽车制造有限公司和山东唐骏欧铃汽车制造有限公司私自对其生产的柴油汽车排放装置进行改造，使之在尾气处理液不达标的情况下也不会报警，大幅度增加了污染物的排放，两公司共收到了高达3800多万元的罚单[①]。

　　具体来说，企业通常在减排成本和减排行动等方面存在信息优势，减排成本代表企业的减排类型，其减排成本越低，减排能力越强。减排成本方面的信息优势通常存在于政府与企业签订减排契约之前，会造成逆向选择问题，而减排行动方面的信息优势通常存在于政府和企业在签订减排契约之后，会造成道德风险问题。为此，政府设计相应的激励契约来应对逆向选择问题和道德风险问题。进一步，由于企业处于供应链系统中，供应链核心企业通常联合非核心企业共同进行减排，此时信息不对称存在于政府与核心企业，以及核心企业与非核心企业之间，政府与核心企业之间的信息不对称会影响到非核心企业的决策，在该激励契约下，供应链核心企业需要选择使自身收益最优的减排策略。

二、消费者与供应链之间存在信息不对称

　　在消费者低碳环保意识逐渐增强的趋势下，企业通过给予消费者充足的碳排放信息（如给产品贴碳标签），披露整个产品生产周期内的碳足迹，可以有效提高消费者对低碳产品的支付意愿和需求（Shuai et al.，2014）。2006年，英国碳信托公司推出一种碳标签，以满足消费者希望了解产品生命周期内碳足迹的要求，

---
　　① 《环保部首次处罚机动车生产企业》，https://baijiahao.baidu.com/s?id=1589117175522142781&wfr=spider&for=pc[2020-11-11]。

调查结果显示，67%的消费者愿意购买有碳标签的商品。随后美国零售巨头沃尔玛及欧洲零售企业英国特易购公司和卡西诺超市纷纷采取此项举措，并取得了良好的效果（Benjaafar et al., 2013）。但是市场中消费者通常不会主动披露自身低碳偏好信息，这导致企业无法获得其偏好信息。例如，新能源汽车的快速发展带动了充电桩行业，充电桩行业迎来了爆发式增长，但是设备生产商并没有消费者资料，对市场中消费者的需求并不完全清楚，导致拥有新能源汽车的消费者充电成了难事。如果企业不能针对这种信息不对称采取相应的措施，则很有可能丧失竞争优势，在市场环境中处于被动地位。

进一步，由于企业处于供应链系统中，消费者在选择低碳环保产品的同时，也会考虑产品的外包装、运输方式等方面是否低碳环保。例如，华为作为全球领先的信息与通信技术解决方案供应商，积极选择绿色供应商，联合27家供应商作为合作伙伴，并力求在其产品包装上做到低碳环保，该企业79%主设备采用绿色包装，并且回收率高达85.8%，有效减少了二氧化碳的排放。由于非核心企业根据核心企业的减排进行决策，因此，信息不对称主要存在于核心企业与消费者之间，这种信息不对称会进一步影响到非核心企业的决策。供应链核心企业一方面需要应对与消费者之间的信息不对称问题，另一方面要考虑这种信息不对称对非核心企业减排决策的影响。

第四节　本书研究问题及意义

一、研究问题

供应链中企业作为减排任务的主要实施者，一方面，企业要面对政府的减排引导和规制；另一方面，其生产活动必须以市场中消费者需求为最终导向。但是现实决策中各参与者之间通常存在信息不对称问题，如果企业仍然实施对称信息下的减排策略，就会降低企业的减排效率。以往研究主要从单个企业层面研究非对称信息下的减排问题，本书将企业置于供应链中，总研究问题为基于非对称信息视角，在外界单一和多种低碳要素驱动下，供应链上下游企业如何实施减排策略。

（一）非对称信息下，基于政府驱动，供应链如何实施减排策略

生产商减排能力主要由减排成本决定，减排能力越强意味着减排成本越低，同时生产商投资低碳生产技术力度越大，减排量越高，减排量和减排成本信息对于政府均是未知的。根据委托-代理的分析框架，政府在综合考虑逆向选择和道德风险问题的基础上设计激励契约，在该激励契约下，处于供应链中的生产商如何

实施减排策略使得自身收益最优？与以往有关政府驱动下单个企业减排研究不同的是，处于供应链中的生产商需要考虑非核心企业的减排活动，本书通过对单层委托-代理模型和考虑非核心企业时的双层委托-代理模型中生产商收益的比较，从供应链层面为生产商减排提供最优决策方案。

（二）非对称信息下，基于消费者驱动，供应链如何实施减排策略

随着消费者低碳环保意识逐渐增强，产品生产过程中的碳排放对消费者需求的影响逐渐增大，越来越多的消费者偏向低碳环保类产品，这就倒逼生产商不断减排以满足消费者对低碳环保产品的需求。但是消费者隐匿自身低碳偏好信息导致的信息不对称增加了生产商做出减排决策的难度，那么，针对生产商与消费者之间的信息不对称问题，处于供应链中的生产商该如何实施减排策略以实现自身收益最优和供应链协调。与以往有关消费者驱动下单个企业减排研究不同的是，处于供应链中的生产商不仅需要设计相应的减排契约甄别消费者低碳偏好以获取需求信息，而且需要与非核心企业之间进行协调以共同提高消费者需求，本书主要通过减排成本分担契约来实现生产商与非核心企业之间的协调。

（三）非对称信息下，政府和消费者共同驱动时供应链如何实施减排策略

当考虑消费者对供应链的驱动作用时，此时政府目标是整个供应链系统的社会福利最优，本书中社会福利包括政府收益、供应链收益、消费者剩余及环境损害成本，此时减排政策需要考虑消费者隐匿低碳偏好信息造成的信息不对称。那么，在政府和消费者共同驱动下，处于供应链中的生产商如何实施减排策略以实现自身收益优化。与以往有关单个企业减排研究不同的是，本书将生产商所在供应链纳入到社会福利中，首先，研究考虑消费者低碳偏好的减排政策如何制定，碳税和碳交易政策是当前主要减排政策，中国目前仅实施了碳交易政策，并未实施碳税政策，复合型减排政策将是未来发展趋势；其次，研究处于供应链中的生产商如何制定减排契约以优化自身收益。

二、研究意义

占全国碳排放量 70%以上的工业领域都将面临 2030 年前碳排放达到峰值和 2060 年前争取实现碳中和目标的新形势。制造型企业由于其高碳排放不仅面对政府的减排压力，而且需要针对消费者需求变化及时做出相应的调整。这种外部低碳要素的驱动作用对供应链中核心企业尤为明显，此时核心企业想要获得更多的收益，减少环境污染带来的惩罚和交易费用，在自身减排的同时有必要联合供应链中非核心企业进行减排。例如，汽车企业在政府和消费者的驱动作用下不断加

大投资新能源汽车项目的力度，并通过整合供应链上下游企业资源，提高新能源汽车的产量和需求。但是各参与者之间存在的信息不对称问题进一步增加了供应链中上下游企业减排的不确定性和难度。委托-代理理论是解决信息不对称问题的主要理论，本书将生产商作为供应链的核心企业，基于非对称信息视角，研究政府和消费者驱动下供应链上下游企业减排策略。

实践方面，本书将政府和消费者作为供应链减排的外部驱动要素，为解决这些要素与生产商之间的信息不对称问题提供最优决策方案，同时为非对称信息下政府减排政策的制定和实施提供参考依据，为处于供应链上下游企业在不同情境下减排提供决策依据，解决此类问题对于汽车企业等高排放型企业在初期及中后期如何发展清洁生产项目具有重要的现实意义。首先，本书解决了政府与供应链之间的逆向选择和道德风险问题，对政府驱动下生产商减排策略的选择具有重要意义，同时对新能源汽车企业在发展初期政府补贴阶段如何实施生产策略具有一定的启示；其次，本书解决了消费者与供应链之间的逆向选择问题，对消费者驱动下供应链减排策略的选择具有重要意义，同时对新能源汽车企业在差异化的消费者需求下如何实施生产策略具有一定的启示；最后，本书解决了非对称信息下政府和消费者共同驱动时供应链减排策略的实施问题，同时对新能源汽车企业在碳交易等减排政策和消费者共同驱动下如何实施生产策略具有一定的启示。

理论方面，本书从非对称信息视角，基于委托-代理理论的基本分析框架，分别与非合作博弈理论和供应链契约理论结合，拓展了委托-代理理论在供应链减排中的应用，对于非对称信息下供应链减排具有重要的理论意义。首先，本书针对政府与生产商之间的信息不对称问题，构建政府与生产商之间单层委托-代理模型，并扩展到考虑供应商时的双层委托-代理模型，拓展了委托-代理理论在供应链减排中的应用；其次，针对生产商与消费者之间的信息不对称问题，构建生产商与消费者之间的委托-代理模型，并扩展到供应链层面，提出非对称信息下减排成本分担协调契约，进一步拓展了供应链契约理论在委托-代理问题中的应用；最后，研究政府和消费者共同驱动下供应链的减排策略，将消费者纳入到政府减排政策设计中，并以社会福利为目标，构建政府与生产商之间的 Stackelberg 博弈模型及生产商与非核心企业之间的委托-代理模型，拓展了非合作博弈理论在委托-代理理论中的应用。通过以上理论的运用和拓展，为供应链核心企业在非对称信息下如何与上下游企业协调奠定了理论基础。

第五节 本书研究内容及框架

一方面，供应链上下游企业要面对政府的减排引导和规制；另一方面，其生产活动以市场中消费者需求为最终导向。但在现实决策中各参与者之间通常存在信息不对称问题，委托-代理理论是解决信息不对称问题的主要理论，同时本书将生产商作为供应链核心企业，分别构建包含上游供应商和下游零售商在内的供应链体系，涉及多个参与者之间的协调和博弈。选取非合作博弈理论和供应链契约理论作为理论基础。以新能源汽车为例，将其发展中存在问题作为研究背景中的典型事件，并推广到更一般情况，引出本书研究问题，加强研究问题的适用性。

政府在供应链减排中起到重要引导作用，因此本书第三章研究政府驱动下供应链的减排策略。随着消费者低碳环保意识的增强，消费者对低碳产品的需求的增加也逐渐促进生产商联合上游供应商进行减排生产，因此本书第四章研究消费者驱动下供应链的减排策略。供应链最终将在政府和消费者的共同驱动下进行减排，此时政府目标是实现包括政府、生产商所在供应链及消费者在内整个系统的社会福利最优，因此本书第五章研究政府和消费者共同驱动下供应链的减排策略。具体研究内容和结构安排如图1-2所示。

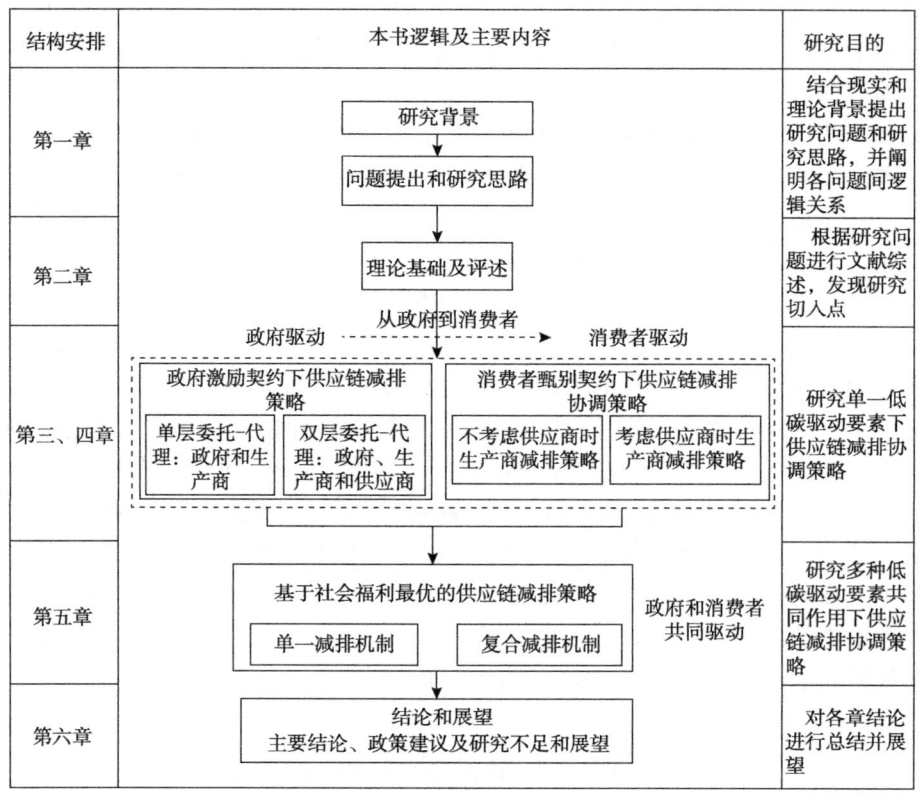

图1-2 本书研究框架

第二章 非对称信息下供应链减排的理论基础

非对称信息是由美国经济学家约瑟夫·斯蒂格利茨、乔治·阿克尔洛夫、迈克尔·斯彭斯于 1970 年提出的，是指在市场经济条件下，市场的买卖主体（委托人和代理人）可能完全占有对方的信息，这就造成具有信息优势的一方（代理人）为谋取自身更大的利益而使信息劣势一方（委托人）利益受到伤害。委托人无法获知代理人拥有的成本或者价值信息造成的劣质品驱逐优质品现象称为逆向选择问题；委托人无法观测到代理人的行为信息造成的委托人收益受损现象称为道德风险问题。道德风险可能发生于逆向选择之前，也有可能发生于逆向选择之后（Laffont and Martimort，2002）。本书主要考虑逆向选择发生在道德风险之前的情况。在第一个研究问题中主要运用委托-代理理论的基本分析框架，将政府与生产商之间的委托-代理模型推广到供应链层面，构建最优化模型；在第二个研究问题中主要运用委托-代理分析框架和供应链契约理论的分析思路，进一步将这两个理论结合在一起构建最优化模型；在第三个研究问题中主要运用委托-代理和非合作博弈理论分析思路，进一步将这两个理论结合在一起构建最优化模型。本章将结合三个研究问题对委托-代理理论、供应链契约理论及非合作博弈理论的研究现状进行分析和评述。

第一节 委托-代理理论及相关研究

委托-代理理论是解决信息不对称问题的主要理论，Laffont 和 Martimort（2002）指出当代理人的信息不完备时，委托人将某项任务授权给具有和自己不同目标函数的代理人就会带来很多问题。如果代理人具有不同的目标函数但没有私人信息，那么委托人就可以通过提供一个完全信息下的最优契约控制代理人的行为，并使其与委托人的目标函数完全一致，但是当代理人具有私人信息，而委托人无法完全监控到代理人的行为时，委托人就需要提供激励可行的契约来控制代理人的行为。

在委托-代理理论中，代理人的私有信息主要分为两类：一种是委托人无法获知代理人拥有的关于成本或价值的信息，即逆向选择或者隐匿信息；另一种是委托人无法观测到代理人的行为信息，即道德风险或隐匿行动。逆向选择问题通常是由于委托人并不清楚代理人的减排成本（D'Amato and Dijkstra，2015）或者价值(雷宇,2016)方面的信息,此时委托人通常需要制定一定的契约以甄别代理人的私有信息类型,这种私有信息类型通常是连续型或者离散型,本书主要对离散型私有信息进行分析。解决逆向选择问题的基本分析框架表示为

$$\max\text{ 委托人收益}$$

s.t. (参与约束)代理人参与契约后获得的收益

$\geqslant$ 不参与契约时保留收益

(激励相容约束)每种类型对应契约下代理人的收益

$\geqslant$ 该类型代理人选择其他契约时的收益

道德风险通常是由委托人不清楚代理人的减排行动信息造成的(Liu and Song,2017),委托人为了使减排带来的收益达到最大,对代理人制定一定的激励契约使其尽自己最大努力减排,解决道德风险问题的基本分析框架表示为

$$\max\text{ 委托人收益}$$

s.t. (参与约束)代理人减排所获得的收益 $\geqslant$ 不减排时保留收益

(激励相容约束)最优减排行动 $\in \arg\max$ 减排所获得的收益

其中,参与约束条件是保证代理人参与到委托人契约中的条件,即代理人从接受契约中获得的收益不能小于不接受契约时得到的保留收益,道德风险下的激励相容约束条件是保证代理人选择使得自己收益最大化行动时的条件,而逆向选择下的激励相容约束条件是保证代理人没有谎报自身类型的条件。

一、政府与供应链之间的委托-代理研究

针对政府与供应链企业之间信息不对称问题,当前学界认为政府通常为委托人,企业为代理人。本书根据企业隐匿自身信息的类型,对政府与企业之间的逆向选择和道德风险问题进行研究,并结合供应链上下游企业间减排信息不对称相关研究,进一步从供应链层面为政府驱动下的企业减排提供文献依据。

(一)政府与企业之间的逆向选择问题研究

当前关于逆向选择问题的研究较多(Prescott and Townsend,1984;Jullien,2000;Sung,2005;Fuchs and Skrzypacz,2015)。信息优势一方隐匿自身减排类型信息造成信息劣势一方收益受损,此时信息劣势一方主要通过设计一定的契约

减少自身收益损失,此类研究主要集中于政府如何设计甄别机制以应对企业隐匿自身类型信息造成的逆向选择问题,如 Sheriff(2008)以美国农业为例,研究当多个企业生产率信息不对称时,环境规制者如何设计最优环境政策使得企业能够有效减排。Antelo 和 Loureiro(2009)研究两阶段寡头垄断模型中,企业减排技术信息不对称时信号传递对环境税收的影响。Bushnell(2011)假设企业的基准碳排放信息对于环境规制者不对称,通过构建有碳配额限制和无碳配额限制两个模型,比较研究碳配额政策下企业的碳补偿策略。Millard-Ball(2013)进一步从宏观层面假设基准碳排放信息不对称,基于清洁发展机制(clean development mechanism,CDM)规制,针对环境规制者与发展中国家之间的逆向选择问题,研究环境规制者如何设计相应的机制以促进发展中国家更好地减排。Helm 和 Wirl(2014)进一步研究国际气候协议下工业化国家(委托人)如何制定激励契约以引导发展中国家(代理人)进行减排,假设代理人对减排技术的支付意愿信息不对称,代理人有夸大环境破坏程度,以获得更高的环境补贴的可能,同时也有瞒报其环境破坏程度,以获得更好的外部选择的可能,研究表明,委托人的激励契约增加了低支付意愿代理人的碳排放量,减小了高支付意愿代理人的支付费用。D'Amato 和 Dijkstra(2015)研究了政府碳交易和碳税政策下企业减排成本信息私有时的企业减排决策。Aguirre 和 Beitia(2017)基于委托-代理分析框架,针对代理人隐匿私有信息所造成的逆向选择问题提出反补贴激励机制,可以用于解决环境规制下的逆向选择问题。

综上,代理人隐匿自身类型信息主要包括生产率、减排技术、减排技术支付意愿、碳排放及减排成本信息等,此类研究侧重于委托人甄别机制的设计,但对于识别出代理人类型后,代理人是否能按照委托人收益最优的行动进行决策并未涉及,以下将针对信息不对称造成的道德风险问题进行研究综述。

(二)政府与企业之间的道德风险问题研究

国外关于道德风险方面的研究较多(Holmstrom,1982;Grossman and Hart,1983;Holmstrom and Milgrom,1987;Jewitt,1988;Mirrlees,1999;Carlier and Dana,2005;Conlon,2009)。信息优势一方隐匿减排行动方面的信息造成信息劣势一方收益受损,此时信息劣势一方设定契约减少收益受损的情况发生,目前关于道德风险类的文献主要针对环境规制者如何设计激励契约促进碳排放企业尽最大努力进行减排。例如,Xepapadeas(1991)针对排放信息不能有效监控问题,结合已有减排补贴等环境政策,制定减排补贴联合惩罚契约及超额排放惩罚契约,研究环境规制者如何选择最优的环境政策实现对排放或者减排努力的有效监管。Requate 和 Uunold(2001)比较研究非对称信息下碳税政策、许可证拍卖政策、祖父制配额分配方法和补贴政策下如何激发更加清洁的减排技术，认为碳税能够更加有效激励企业采用更加清洁的减排技术，拍卖法与祖父制法对清洁技术的激励效果并没有差异。Du 等（2014）研究非对称信息下政府如何设计碳配额使得企业能够尽最大努力进行减排。Alvarez 和 Camiña（2014）进一步构建环境规制者与多个企业之间的道德风险模型，比较研究严格碳配额及碳交易政策下企业如何努力减排以实现帕累托最优。Liu 和 Wang（2017）认为企业缺少环境保护技术研发投入主要是因为缺少政府相应的财政支持和补贴，但由于企业环保技术研发努力程度不可测，政府并不能确定企业是否尽全力，当企业绩效不可证实时，传统的补贴机制并不是有效的，而基于企业间研发竞争补贴激励机制能够有效激励有更高环保研发意愿的企业。

国内期刊研究。例如，丁一（2010）分析政府如何制定最优契约和选择合适的监督力度来降低企业承担的风险和监督力度，促进企业努力减排，解决政府与企业之间存在的道德风险问题。王贵东（2012）构建公平互惠的委托-代理扩展模型，分析政府如何设计激励机制与企业进行合作以激励企业尽最大努力进行减排；付丽苹和刘爱东（2012）构建政府与高碳企业之间的委托-代理模型，研究政府在设计碳税激励契约中应如何科学有效地激励高碳企业低碳转型。郭本海等（2013）分析了节能管理中政府与企业之间的利益关系，基于委托-代理理论，构建政府-企业间减排激励模型，并对政府监督（对称信息）及不监督（非对称信息）情况下减排激励进行比较分析，认为政府与企业之间委托-代理关系能够很好地解决信息不对称造成的效率损失。侯玉梅和朱俊娟（2015）构建政府与企业之间的委托-代理模型，并综合考虑了经济增长与节能减排双重任务下政府对企业激励机制的设计，认为节能减排努力市场准入标准越高，政府应给予企业越多的固定补贴。白云涛等（2016）比较研究政府补贴及征收碳税两种方式下企业的节能减排活动，并结合汽车行业节能减排实例分析两种政策对减排的影响。

综上，当前文献中关注逆向选择和道德风险其中一种情况的研究较多，而解决企业隐匿自身信息造成的信息不对称问题应该综合考虑逆向选择和道德风险，这为全面考虑政府与企业之间信息不对称情况提供了文献依据。

（三）供应链上下游企业之间的委托-代理研究

供应商上下游企业之间核心企业通常为委托人，非核心企业为代理人。Çakanyıldırım 等（2012）针对供应商生产成本不确定问题，基于委托-代理理论，研究零售商设计收益分享契约如何甄别供应商生产成本信息及如何实现供应链的协调问题。Li 等（2012）将可控提前期时间加入非对称信息下的契约模型中，利用委托-代理理论研究供应商如何设计协调机制有效识别零售商真实的成本类型。

Kerkkamp等（2018）基于委托-代理理论，研究当零售商库存成本信息私有时供应商如何设计契约以实现供应链的协调，并对包含多个零售商类型时供应商如何设计统一的契约问题进行了研究。Sucky（2006）运用讨价还价模型，研究零售商成本信息不对称时供应商如何设计契约实现供应链整体成本最优的问题。Voigt和Inderfurth（2011）研究非对称信息下供应商订货成本改进方式下的供应链协调问题。Wei等（2015）针对闭环供应链中回收和市场需求对零售商私有和制造与再制造成本对生产商私有情况，分别构建对称信息下和非对称信息下生产商主导和零售商主导模型，比较研究不同企业主导下闭环供应链企业是如何决策的。Zheng等（2017）针对逆向供应链中回收价格及努力程度信息不对称问题，设计两部收费制契约促使回收者披露回收价格及回收率信息，以改善由信息不对称造成的供应链效率损失问题。可以看到，此类研究通过构建包含核心和非核心企业在内的供应链体系，研究核心企业如何设计契约以解决核心与非核心企业之间的信息不对称问题及企业之间的协调问题。

根据以上研究思路，具体到供应链企业减排问题上，Ciliberti等（2011）认为核心企业通常联合非核心企业共同提高企业的社会责任意识（包括环境责任意识），构建委托-代理模型能够很好地解决核心企业与非核心企业间存在信息不对称时如何提高企业社会责任感这一问题。Liu和Song（2017）构建核心企业与非核心企业之间的委托-代理模型，核心企业通过激励契约的设计，可以有效促进非核心企业减排。进一步，关于在政府驱动下供应链核心企业促使非核心企业减排方面的研究，有假设核心企业为生产商，非核心企业为零售商的研究，如Yang等（2016）比较研究碳交易、碳税及混合政策下供应链企业间碳排放信息不对称对供应链收益的影响，研究表明，作为供应链主导方生产商并没有谎称自身碳排放信息的可能，而追随者零售商存在隐匿碳排放信息的可能，基于此，收入分享契约能够较好协调供应链成员之间的收益，并有效迫使零售商披露自身真实碳信息。杨磊等（2016）假设供应链企业之间的碳排放量及碳价格信息不对称，并分别讨论了在政府碳交易政策下生产商和零售商分别拥有碳信息优势时对供应链绩效的影响，并认为收益分享契约能够有效协调供应链成员之间的收益，使得供应链绩效达到最优。可以看到此类研究主要认为收益共享契约是减小信息不对称带来的收益损失、协调供应链各企业之间的收益的主要方法。有假设核心企业为生产商，非核心企业为供应商的研究，如Ma等（2018）假设供应商减排率信息不对称，构建供应商和生产商的供应链系统，研究生产商如何设计契约使得单一及多个供应商能够真实披露减排率信息，并进一步研究碳交易体系下生产商最优订货量是如何变化的，为非对称信息下生产商采购问题提供了一定的研究基础。也有假设核心企业为供应商，非核心企业为生产商的研究，如汤春华等（2017）研究生产商获得碳配额信息不对称时生产商和供应商之间的契约设计问题，碳配额信息的获取对于供应链上下游企业都是有价值的，碳配额信息不对称造成供应商利润减小而使得排放依赖型生产商利润增加。同时也有讨论不同供应链权力结构情况的研究，如周艳菊和吴龙健（2017）分别讨论了碳交易政策下包含生产商和零售商的供应链中，当生产商主导和零售商主导时，生产商初始碳排放量信息不对称对不同权力结构下企业收益的影响。

综上，关于供应链企业间减排信息不对称方面的研究主要强调了政府驱动下的供应链中核心企业的减排作用，这为政府驱动下核心企业契约设计提供了一定的文献依据，但是此类研究并没有考虑政府与企业之间的信息不对称情况。本书将结合政府与企业之间信息不对称及供应链核心企业与非核心企业之间信息不对称两类研究，为非对称信息下基于政府驱动的供应链中企业的减排提供理论依据。

二、消费者与供应链企业之间的委托-代理研究

消费者与供应链企业之间的信息不对称主要集中于需求不确定导致的信息不对称，如 Zhu 和 Weyant（2003）研究需求和成本不确定下竞争型企业决策，通过两阶段博弈模型分析非对称信息下企业如何采纳新技术决策，并认为拥有信息优势并不意味着是一件好事。Oh 和 Özer（2013）研究时间在预测信息共享及决策中的作用问题，分析当供应商和生产商对多周期产品需求不确定时，供应商如何从生产商中获得需求信息，该研究为多个决策者面对同质产品市场需求信息不对称时构建需求预测模型提供了统一的分析框架。

在由买卖双方构成的系统中，通常买方能够掌握需求信息，而需求信息对于卖方是不对称的，如 Feng 等（2015）构建当买方需求信息私有时买卖双方就产品数量及支付费用进行谈判的动态讨价还价博弈模型，通过对卖方信任结构的理性假设，刻画了讨价还价博弈的完全贝叶斯均衡，研究发现卖方可以与高类型或低类型需求达成协议，或者同时达成协议，同时，改进的需求预测有利于买方，但当需求预测精准度较低时，卖方收益受到损害。Li 等（2017b）构建上游有销售能力的生产商与下游风险规避型零售商之间的双渠道竞争供应链模型，假设零售商掌握需求信息，生产商与零售商之间信息不对称，研究认为，生产商与零售商收益好坏主要取决于生产商销售价格及零售商的风险规避度。Belloni 等（2017）针对目前市场需求信息不确定情况，构建联营系统（pooling system，单个下游委托人从多个上游代理人中汇集资源）和分配系统（distribution system，单个上游委托人在多个下游代理人之间分配资源），研究多边私人信息对市场容量效率的影响作用；Gardete（2016）以动态随机存取存储器（dynamic random access memory，DRAM）为例，针对生产商在生产和产能决策过程中面临的需求信息不对称问题，研究市场信息在产品制造中的作用及允许信息共享的后果。Cai 和 Singham（2018）

设定需求是代理人私有信息，研究碳捕捉和存储的契约设计问题，将传统的一对一委托-代理问题拓展到一对多情形，进一步研究代理人需求变化对委托人契约设计的影响。

综上，此类研究主要集中于需求不确定下买方与卖方的决策，基于委托-代理理论的分析框架，研究委托人如何设计契约以获取需求信息。消费者低碳偏好是影响需求的重要因素。因此，供应链中企业应基于委托-代理理论，设计契约以识别消费者低碳偏好信息，并有效实施减排策略以应对消费者需求。

第二节　供应链契约理论及相关研究

任何一个企业都不是独立存在的个体，而是与其所在供应链中其他企业共生于统一的体系中，尤其对于供应链核心企业而言，其通常需要制定相应的契约与非核心企业进行协调。根据曹柬（2009）的研究，可以将核心企业定义为供应链中拥有核心市场资源和核心竞争力的企业。供应链通常是围绕核心企业，通过对信息流、物流、资金流的控制，经过原材料采购，制造中间产品及成品，最终由销售网络把产品送到消费者手中的网链结构模式（马士华等，2000）。现实中分散式供应链企业的目标往往不尽相同且相互冲突，供应链企业基于自身利益最大化、成本最小化进行决策，使得供应链易发生"双重边际化"等不良现象，Cachon（2003）指出企业通常需要联合所在供应链中其他企业，建立一条经济利益相连、业务关系紧密的供应链以实现优势互补，共同增强市场竞争力，以实现各自收益的优化。低碳环保背景下，从原材料供应到半成品及成品生产再到销售等每个环节都会产生碳排放，如果仅控制其中一个环节的碳排放，并不能有效降低产品整个生命周期内的碳足迹，尤其对于供应链核心企业，有必要构建一种有效的协调机制约束供应链各方的行为。

供应链契约主要包括：①收益共享契约，指一企业（如零售商）向另一企业（如生产商）分享减排带来的收益，以实现双方收益的改进（Giannoccaro and Pontrandolfo，2004；Cachon and Lariviere，2005；Mafakheri and Nasiri，2013；谢鑫鹏等，2015）；②数量折扣契约，指企业对大量购买低碳产品的买方给予减价优惠，以实现双方收益的增加（Li and Liu，2006；D'Amato and Dijkstra，2015；Huang et al.，2015；Zissis et al.，2015）；③成本分担契约，指一企业（如生产商）替另一企业（供应商）分担一部分减排成本以实现双方收益的增加（Ghosh and Shah，2015；Wang et al.，2016）；④批发价格契约，指一企业（如供应商）为另一企业（如零售商）提供批发价格以期另一企业提高低碳产品的订货量，以此实现双方收益的增加（Gerchak and Wang，2004；Hu and Zhou，2014）。一些学者对多种协调方式进行比较，如 Du 等（2015）对消费者低碳偏好下批发价格、收益共享及数量折扣三种协调契约进行比较，Wang 等（2016）对批发价格和成本分担契约进行比较。Taleizadeh 和 Rabie（2018）对数量折扣与成本共享契约进行比较，Yang 和 Chen（2018）对收益共享与成本分担契约进行比较。

一、政府驱动下供应链减排契约研究

政府驱动下供应链减排契约研究主要集中于减排政策下供应链企业间的合作与协调。例如，Jaber 等（2013）研究碳税和碳交易政策下供应链的一体化决策，并结合算例比较研究不同减排政策下生产率变化对成本和碳排放量的影响。Ding 等（2016）研究政府减排补贴和排放上限约束下的供应链协调问题，研究发现供应链企业之间的协调与合作对于改善企业环境绩效、提高企业利润具有重要作用。Bazan 等（2017）考虑供应链不同协调机制下闭环供应链的再制造问题，在传统协调和供应商管理-寄售库存协调模型基础上，考虑三个环境问题（一是制造与再制造过程中的能源使用问题，二是碳税政策下闭环供应链中碳排放问题，三是周期内再制造次数问题），结合算例分析得出供应商管理-寄售库存协调模型相比传统协调模型，在经济成本方面具有优势，但是在环境成本方面并不是最优选择。Xu 等（2017）研究碳交易下生产商与零售商之间协调问题，生产商通过绿色技术投资及与零售商合作来实现减排，随着碳交易价格的增加，生产商最优生产数量呈现出先增加后趋于平缓的趋势，并在批发价格和成本分担协调契约基础上设计了一个帕累托最优改进的契约。李剑和苏秦（2015）比较研究碳税政策下包含供应商和零售商在内的供应链一体化和分散决策。李剑等（2016）构建生产商和供应商之间的碳交易模型，通过供应链企业之间的碳配额交易实现生产商和供应商之间的协调。

综上，当前研究大多假设减排政策直接作用于企业，企业通过投资低碳生产技术及与供应链其他企业协调以完成减排任务，但是此类研究并没有考虑消费者对减排政策及政府目标的影响，Bi 等（2017）研究了环境敏感型消费者的需求下政府绿色减排技术补贴对企业利润的影响，认为企业决策应该考虑减排技术成本及消费者因素，而朱庆华和窦一杰（2011）及赵黎明和殷建立（2016）进一步认为政府制定减排政策不仅需要考虑消费者对企业的影响，同时应该以整个系统的社会福利最优为目标。

二、消费者驱动下供应链减排契约研究

随着消费者低碳意识的增强，消费者宁愿支付额外的价格去购买低碳产品（Bansal and Gangopadhyay, 2003），这就增加了消费者对低碳产品的需求，进

一步倒逼企业不断进行减排以满足消费者需求。当不考虑环境因素时，产品价格通常是影响消费者需求的主要因素，但是随着消费者低碳环保意识的提高，产品的低碳环保性也会影响到消费者的需求，消费者对低碳产品的需求倒逼供应链上下游企业不断进行减排生产。

一类研究认为消费者对产品的偏好包括了价格偏好和低碳偏好，认为产品的价格和低碳程度是影响消费者需求的两个主要因素。例如，Qi 等（2004）研究在一个包含供应商和零售商的供应链系统中，对需求不确定前提下如何设计数量折扣契约实现供应链的有效协调问题进行深入探讨。Liu 等（2012）认为价格和减排率是影响需求的因素，并突出了消费者对产品低碳程度的偏好，研究消费者低碳意识对单生产商单零售商、双生产商单零售商及双生产商双零售商三种供应链结构的影响，研究发现随着消费者对产品低碳偏好程度的增加，生产商和零售商均可以从减排行为中获益，而生产商间竞争越激烈，零售商获得的利润越多，环境意识较差的生产商利润越少，当消费者低碳偏好较高时能够改善生产商由竞争而导致利润减少的情况。Babich 等（2012）对需求不确定下供应商回购问题进行了研究，针对高和低市场需求条件，设计包含批发价格、回购价格及转移支付在内的回购契约，对称信息下供应商可以通过契约获得零售商保留收益之外所有收入，但是非对称信息下，供应商需要向零售商支付信息租金导致供应商必须放弃部分收益。Lei 等（2012）进一步研究当需求和成本不确定时供应链契约如何设定的问题，认为这些非对称变量并不是单独存在的，而是互相影响的，与对称信息相比，信息不对称造成了供应商产量的减少。Lee 和 Yang（2013）构建包含两个供应商和一个零售商在内的供应链系统，比较研究需求不确定时的两部收费契约和数量折扣契约，研究表明，数量折扣契约带来的信息租金更高，两部收费契约能够使供应商收益更优。Du 等（2014）构建包含企业减排努力程度和产品价格在内的需求函数，并突出了消费者对企业减排努力程度的偏好，认为减排尽管会带来更高的生产成本，但是会提高消费者需求并带来更高的利润，因此需要协调环境成本和经济成本，进一步以一体化决策为基准，比较分析分散决策下三种协调契约对供应链碳排放和利润的影响。Zanoni 等（2014）假设需求函数是关于企业环境绩效和产品价格的线性函数，并同时强调了消费者对环境绩效和价格的偏好，基于联合经济批量模型，研究供应链中生产商和零售商库存协调策略，并指出协调策略可以导致更低的产品市场价格和更高的环境绩效。Ghosh 和 Shah（2015）认为需求与产品价格和绿色改善程度有关，并研究绿色敏感型消费需求和绿色投资成本分享契约下供应链的协调问题，认为产品绿色度、价格及利润是受分享契约影响的。Kim 和 Sim（2015）认为需求与产品价格和污染程度有关，并认为当消费者低碳意识不足时，供应链企业之间的协调策略对减排并没有影响，随着消费者低碳意识逐渐增强，供应链减排效应逐渐增加，这进一步证明了消费者低碳意识对供应链减排的重要性。通过以上分析可知，产品的低碳程度可以通过正向因素进行描述，如减排率等，也可以通过负向因素进行描述，如碳排放量等，产品生产过程中减排率越高，消费者需求越高，碳排放量越高，消费者需求越低，该类研究突出了低碳偏好对企业减排决策的重要性。

还有一类研究假设产品价格外生，并不影响消费者需求，并且认为消费者可以接受一定程度的产品溢价。例如，Nouira 等（2014）构建基于产品减排量和绿色成分的需求函数，并考虑碳税、碳限额及碳交易三种外部减排政策，研究产品绿色度对供应链系统利润和决策的影响。在此基础上，Nouira 等（2016）进一步假设产品需求是关于单位产品碳排放的函数，随着单位产品碳排放的减少，产品需求增加，结合算例分析得出，生产商在市场低碳需求的驱动下，会就近选择供应商和消费人群，如果消费者愿意以更高的价格购买低碳产品，将会进一步推动生产商减排。Wang 等（2016）构建了减排率的需求函数，认为消费者仅对产品低碳程度敏感，比较研究成本分担和批发价格契约在零售商主导的供应链结构中对供应链企业收益的影响。王芹鹏和赵道致（2014）认为需求与产品的减排量相关，研究消费者低碳偏好影响下，风险中性的零售商最优订货及供应商减排决策问题，根据单位产品排放高低设计收益共享契约，协调零售商和供应商之间收益问题，以实现帕累托改进，进一步利用讨价还价模型分析共享比例的确定问题。宋晓利（2016）构建基于消费者低碳需求与企业低碳生产的联动推进机制，论述消费者低碳需求对企业生产技术、生产工艺朝向低碳化发展的影响机制。唐金环等（2016）认为消费者低碳偏好是有限的，引入环保度系数作为碳排放量的特征向量，研究消费者有限碳行为偏好下的选址-路径-库存联合优化问题，并进一步分析这种有限碳行为偏好对企业收益的影响。

综上，消费者目前逐渐关注产品的低碳环保性，尤其当低碳产品的溢价在消费者可接受范围之内时消费者更加偏向于低碳环保型产品，如 Achtnicht（2012）通过研究发现德国人在购买汽车时非常看重汽车行驶碳排放高低，并且能够接受一定范围内的产品溢价。

三、政府与消费者对供应链减排影响的比较研究

结合政府和消费者驱动下供应链减排契约研究，当同时考虑政府和消费者时，一类研究强调消费者对供应链减排的驱动作用。例如，Bansal 和 Gangopadhyay（2003）认为随着消费者对环保产品偏好的提高，政府补贴政策有利于企业发展和减少环境污染，政府补贴政策与消费者偏好往往相互影响，并共同作用于企业。Parag 和 Darby（2009）以英国能源行业为例，认为政府、企业及消费者之间是互相关联、对应的关系，政府对能源供应商的节能减排激励机制促使供应商进行减

排，能源供应商提高能源价格及消费者的节能需求促使供应商减排，政府通过将征收的碳税对消费者进行能源价格补贴及提供更加绿色的生活方式，进一步从消费端节能减排，但是目前政府在减排过程中更多强调能源供应商的作用，而忽略了能源供应商与消费者的联合减排效应，因此，建议政府更多关注消费者在减排过程中的作用。Xu 和 Su（2016）以中国新能源汽车为例，从政府和市场选择，以及面向企业和消费者两个维度研究清洁能源创新，认为消费者和市场是清洁技术创新驱动的主要力量，并强调了消费者在政策设计中的重要性。Yang 等（2017）比较研究碳税政策和消费者环境意识在供应链系统收入分享和先行优势中的作用，与传统研究不同的是，该研究认为收入分享契约并没有削弱生产商的减排努力程度，而其主要取决于生产商是否具有先行优势及消费者是否有低碳环保意识。

还有一类研究则强调政府对供应链企业减排的驱动作用。例如，Yalabik 和 Fairchild（2011）认为政府环境补贴带来的环境创新效果要优于环境敏感型消费者驱动或者环境惩罚带来的环境创新效果。Kuzemko（2015）则强调政府在供能企业管理中的重要作用，在管理能源供应商的同时，应该提高市场服务质量和市场需求。Du 等（2016）比较研究运用政府碳交易政策前后消费者低碳偏好对企业低碳生产技术选择的影响，当在碳交易政策下考虑消费者低碳溢价时，企业将进行产品的低碳化生产，否则不进行低碳生产。Yu 等（2016）研究政府绿色补贴和消费者绿色需求下生产商如何进行绿色产品的生产决策，研究认为，尽管消费者环境意识的提高可以激励生产商生产环保性更高的低碳产品，但是这并不意味着会为生产商带来更高的利润，合理的补贴政策设计不仅能够为生产商带来额外的利润，同时也能够为政府节省更多的补贴开支。He 等（2016）构建包含传统零售商和互联网零售商在内的双渠道闭环供应链，认为消费者在双渠道供应链中经常发生搭便车行为，即在互联网零售商处可以购买到与传统零售商处质量同等但是价格更低廉的产品和服务，分析这种搭便车行为对产品生命周期内的碳排放量影响，研究指出政府碳税政策能够有效减少消费者这种搭便车行为以实现减排的目的。Bi 等（2017）研究了政府补贴与消费者环境意识驱动下企业绿色减排技术应用问题，研究消费者环境敏感需求下政府如何补贴能够激励企业进行绿色减排技术投资。徐爱等（2012）以中国家用电器行业为例，认为在强调政府绿色政策扶持的同时，也要充分发挥市场对资源的配置作用，促使家电企业生产制造的绿色化。高举红等（2015）构建包含生产商、分销商、消费者及回收中心在内的闭环供应链系统，以家用电器行业为例，研究政府对低能耗产品绿色消费者的碳补贴问题，综合考虑家电闭环供应链总成本和总碳排放水平，比较研究不同碳补贴力度对绿色消费者比例及闭环供应链设计的影响。

综上，当强调消费者对供应链中企业减排的重要性时，此类研究主要通过对考虑消费者前后的比较来突出消费者对供应链减排的作用，当强调政府对供应链中企业减排的重要性时，此类研究主要通过政府对消费者环保意识的引导体现出政府的重要性。政府引导企业减排，同时会提高消费者的环保意识，消费者环保意识的提高，又会进一步倒逼企业减排。因此，政府和消费者通常是在互相辅助的情况下促进供应链上下游企业减排，如 Kim 和 Sim（2015）研究了政府惩罚和消费者环保意识两种外部驱动力对企业减排的替代和互补效应，研究认为，当市场规模较大或者较小且政府惩罚较重时，政府惩罚力度和消费者低碳敏感度两种因素之间是可以相互替代的，而当市场规模较小且政府惩罚力度较轻时，这两种因素之间是互补的；Xiong 等（2016）则研究了政府碳税政策和消费者环保意识对企业经济和环境绩效的影响，研究认为，无论在单渠道还是双渠道供应链中，清洁型工业中的生产商都能够积极投资减排，但是在污染型工业中，生产商拒绝进行投资减排，在清洁型工业中，无论是碳税驱动还是环保意识驱动，零售商总是获益，而在污染型工业中，零售商收益受损而生产商获益；Huang 等（2016）从实证分析角度，结合 427 家中国核心制造型企业，通过结构方程模型分析得到，政策规制和消费者压力对企业绿色创新作用通常是不同的，政策规制压力通常对企业绿色创新绩效提升起到重要作用，而消费者压力对企业研发投资有显著的正向影响，这从不同方面体现出政府和消费者对企业减排的作用。

第三节　非合作博弈理论及相关研究

供应链减排涉及多个参与者，各参与者之间通常会存在博弈问题，博弈可以分为合作博弈和非合作博弈，主要区别在于参与博弈的局中人是否可以达成一个具有约束力的协议，如果有就是合作博弈，否则就是非合作博弈。合作博弈强调的是集体主义、团体理性和效率，研究人们达成合作时如何分配合作得到的收益，即收益分配问题，而非合作博弈强调个人理性和最优决策，研究人们在利益相互影响的局势中如何选择决策使自己的收益达到最大，即策略选择问题。

关于非合作博弈方面的研究较多。例如，Chen 和 Hao（2015）基于非合作博弈理论，研究碳税下两个竞争型企业间产品价格、生产及减排效应，在同等碳税条件下，高效率企业减排率要低于低效率企业；Li 等（2017a）研究碳交易联合碳税复合型碳政策下生产商与零售商物流外包的非合作博弈分析；Qi 等（2017）研究碳限额下供应链中多个企业间非合作博弈和协调策略，以寻找两个零售商最优零售价格和一个供应商最优批发价格；Luo 等（2016）比较研究碳交易政策下企业间竞争与合作产品价格、减排效应及企业利润问题，低减排效应的企业产品价格要高于高减排效应的企业产品价格，单位产品碳排放越低，产品市场需求越大，企业获得的利润也越大，相比竞争机制，从短期来说，企业间合作有利于整体减排和利润增加，但是并不利于企业长期发展，因此从企业长期发展来看，企业间竞争有利于提高产品市场竞争力；Chen 等（2017a）在 Luo 等（2016）的基础上加入企业的市场权力结构（主导者和从属者），认为企业市场权力强并不意味着其利润更高；进一步，Chen 等（2017b）以包含生产商和零售商在内的供应链为研究对象，从经济、环境及社会三个方面具体分析了不同供应链权力结构对供应链的影响；Yenipazarli（2017）构建包含供应商和零售商在内的供应链系统，认为规模较大的零售商（如沃尔玛）在环保过程中往往起到很重要的作用，并分别研究了供应链企业间非合作和合作（供应商绿色创新成本共享和零售商收益共享契约）对企业经济效应和环境效应的影响。

谢鑫鹏和赵道致（2013）基于 CDM，研究供应链上下游企业完全不合作、半合作及完全合作三种情境下的生产和减排决策，认为在减排和定价均完全合作时各主体的利润和减排效果为最优；夏良杰等（2013）在外部环境政策约束下，假设供应链中生产商为领导者，供应商为追随者，分别对供应商和生产商之间独立减排和联合减排博弈进行分析，提出了基于转移支付契约联合减排下的供应链利润帕累托改进方法；骆瑞玲等（2014）对包含生产商和零售商的两级供应链集中式决策、分散式决策，以及协调三种模型中企业最优决策及减排效果进行比较研究；李剑和苏秦（2015）比较研究了碳税政策下供应商和零售商合作与非合作减排博弈问题。

基于以上委托-代理理论的基本分析框架及供应链契约理论和非合作博弈理论相关研究，本书以委托-代理理论为基础，与供应链契约理论和非合作博弈理论结合，进一步拓展委托-代理理论在供应链减排中的应用机理，对本书的研究问题进行分析和解决。

第四节 现有研究评述

结合本书提出的三个研究问题，对现有研究进行评述。

（1）政府驱动下，企业减排能够为政府节省环境治理开支，使政府获得相应的收益。政府委托企业减排，由于政府与企业之间存在信息不对称问题，政府需要减小非对称信息带来的收益损失，当前研究更多集中在如何设计政府激励契约的问题上，且大多研究仅考虑逆向选择和道德风险其中一种情况，缺少对政府激励契约下企业减排决策机理的分析。此外，在供应链中，信息不对称不仅存在于政府与企业之间，而且存在于上下游企业之间，核心企业与非核心企业之间的信息不对称会影响到政府激励契约的设计，进一步影响到核心企业的减排决策。因此，研究非对称信息下基于政府驱动的供应链上下游企业的减排问题，一方面需要综合考虑政府与核心企业之间的逆向选择和道德风险问题，另一方面需要从供应链层面研究核心企业的减排策略。本书在第三章基于已有研究对该问题进行分析并解决。

（2）消费者驱动下，在构建需求函数方面，Nouira 等（2016）及赵道致等（2016）假设消费者属于低碳环保型，并将产品价格设为常数，认为只有产品的低碳环保性影响消费者需求，但是此类研究并没有考虑低碳产品溢价，以及消费者能够接受多大程度溢价的问题。此外，当前研究中关于需求信息不对称的文献缺少对消费者低碳偏好的研究，不能充分了解消费者对企业减排决策的驱动机理。同时，当前鲜有研究从供应链层面对以上问题进行研究，这不仅需要考虑核心企业与消费者之间的信息不对称，并且需要考虑核心企业与非核心企业之间的协调问题。因此，研究非对称信息下基于消费者驱动的供应链中核心企业的减排策略，一方面需要构建需求函数，从非对称信息视角分析产品溢价与消费者效用之间的关系，另一方面需要解决核心企业与非核心企业之间如何协调的问题。本书在第四章基于已有研究对该问题进行分析并解决。

（3）政府和消费者共同驱动下，当前研究认为消费者在政府引导企业减排过程中起到重要作用，此时政府的目标是设计减排政策实现社会福利最优。但是多数文献假设减排政策直接作用于企业，没有将消费者纳入减排政策的设计，未能清晰揭示政府和消费者共同驱动下企业减排决策过程。同时，当前研究主要集中于多种政策减排效应的横向比较，缺少对复合减排机制的研究，尽管 Li 等（2017a）研究了碳税联合碳交易减排政策下企业减排决策过程，但并没有考虑整个系统的社会福利如何达到最优的问题。目前基于社会福利优化的研究主要以单个企业为减排对象，未能从供应链层面分析企业的减排决策过程，且主要是从对称信息角度进行分析。因此，研究非对称信息下政府和消费者共同驱动时供应链减排策略，一方面，需要将消费者纳入政府减排政策体系，研究消费者需求下多种减排政策之间的互动机理；另一方面，需要基于非对称信息视角，将核心企业所在供应链纳入社会福利函数，研究社会福利最优时供应链的减排策略。本书在第五章基于已有研究对该问题进行分析并解决。

第三章　政府激励契约下供应链减排策略研究

参考新能源汽车产业发展中政府做法，汽车企业在发展新能源汽车项目初期通常是在政府补贴激励下提高清洁生产技术的研发投入，逐步实现由燃油汽车向新能源汽车的转型，达到零排放的目标。本章内容分为以下八部分：先是提出研究的问题，紧接着对问题进行描述，然后进入本章主体部分，分别构建政府与生产商单层委托-代理模型及考虑供应商时的双层委托-代理模型，并对两种模型下供应链中生产商减排策略和收益进行比较，结合算例分析，给出主要结论和管理启示，最后对本章内容进行小结。

第一节　骗补事件及解决方案

2016 年 9 月，我国财政部曝光了 72 家新能源汽车企业涉嫌不同数量和金额的骗补行为，其中涉及车辆共计 76 374 辆，涉及骗补金额高达 92.7 亿元。[①]2016 年 12 月，工信部公布对涉事汽车企业的行政处罚决定，对涉及"有牌无车"的 4 家汽车企业给予"责令停止生产销售问题车型、暂停新能源汽车推荐目录申报资质、责令进行为期 6 个月整改"等处罚措施，对骗补情节最严重的苏州吉姆西客车制造有限公司给予"取消整车生产资质"的处罚。[②]这场"新能源汽车骗补"事件引起了政府的深思和社会的广泛关注。信息不对称是造成以上事件的重要原因之一，汽车企业的清洁生产技术水平参差不齐，政府并不清楚汽车企业的清洁生产能力及清洁生产行动等方面的信息，并且缺乏相应的激励机制，导致骗补事件发生。

除了新能源汽车骗补，还有光伏企业骗补等，骗补事件在新能源产业中屡见不鲜。惩罚是目前解决此类问题的主要措施，这就使得很多企业存在偷懒投机行为，并存在虚报瞒报、以次充好等问题。委托-代理理论能够有效解决政府与企业间信息不对称问题，提高政府减排治理效率（Murtishaw and Sathaye，2006），对于解决骗补问题具有重要作用。Laffont 和 Martimort（2002）在研究委托人对代

---

① 《泄漏版新能源汽车骗补名单 72 家车企骗补 92.7 亿》，https://www.sohu.com/a/115901978_492540[2020-11-11]。

② 《重拳！工信部对 4 家新能源车企做出行政处罚决定》，https://www.sohu.com/a/122212957_372882[2020-11-11]。

理人的激励问题时提到，代理人由于隐匿行动和成本或价值信息造成了委托人与代理人之间的信息不对称，委托人无法观察到代理人行为造成了道德风险的产生，或者是委托人无法获知代理人所拥有的关于成本或者价值的私人信息造成了逆向选择问题的产生。这就为研究政府在作为减排引导者时如何有效促使企业参与到减排活动中提供了思路，即政府需要同时考虑逆向选择和道德风险问题以设计激励契约。

在供应链层面，Ciliberti 等（2011）通过对典型企业案例的研究认为，供应链核心企业作为委托人在一定的规范标准下（如社会责任标准是指企业将社会和环境等问题纳入其经济活动及其利益相关方的关系的行为）应该承担起提高整个供应链行为规范的责任，包括环境问题。Wilhelm 等（2016）则认为供应链中非核心企业作为代理人应该积极完成核心企业可持续发展的要求，这样才能有效提高供应链整体的可持续发展水平。因此，供应链核心企业有联合非核心企业减排的责任，而非核心企业也有响应核心企业减排的义务。曹柬等（2015）则进一步认为信息不对称情况会同时存在于政府与核心企业及核心企业与非核心企业之间，政府从供应链层面针对核心企业制定激励机制能够进一步加强核心企业与非核心企业间的合作。

因此，政府与供应链上下游企业在减排问题上的信息不对称问题可以通过委托-代理理论进行解决。综合考虑政府与企业之间的逆向选择与道德风险问题，并将企业置于供应链中，能够有效应对骗补给政府减排治理带来的收益损失。

第二节　政府激励模型描述与假设

一、模型描述

构建包括政府、生产商和供应商在内的决策模型，生产商和供应商均产生碳排放。生产商隐匿的私有信息包括减排成本和减排量，隐匿减排成本信息造成逆向选择问题，而隐匿减排量信息造成道德风险问题。政府根据不同减排成本类型的生产商制定激励契约，一方面甄别生产商减排成本类型，另一方面确保生产商在每种类型下尽最大努力进行减排，如图 3-1 所示。研究处于供应链中的生产商的减排策略，首先构建政府与生产商之间的单层委托-代理模型，此时政府设定激励契约目的是解决政府与生产商之间存在的逆向选择和道德风险问题；其次，从供应链层面构建政府、生产商及供应商之间的双层委托-代理模型，由于生产商在减排决策方面起主导作用，其对整个供应链减排进行协调，而原材料供应商占据从属地位，其主要根据生产商的决策而决策，政府制定激励契约是为了鼓励生产商参与整个供应链的减排活动并实现全面减排的目标，生产商通过激励供应商参与减排行动以获得更多的政府激励。本节通过对两种模型的比较分析,为处于供应链中的生产商提供最优决策方案。

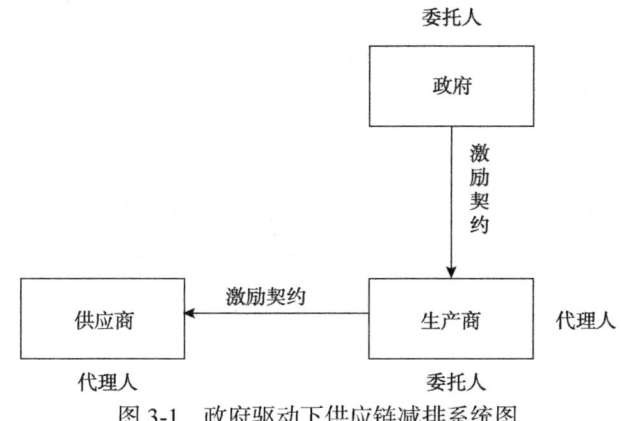

图 3-1 政府驱动下供应链减排系统图

二、模型假设

(1)假设政府是风险中性者,生产商和供应商是风险规避者。

(2)假设生产商每生产一单位产品消耗供应商提供的一单位原材料,即 q 单位产品生产需要 q 单位原材料,因此生产商总减排量表示为 qe_m,供应商总减排量表示为 qe_s。

(3)减排成本。减排量 e_i 反映企业减排投资水平的高低,同时反映企业减排努力程度,企业减排量越大,减排投资水平越高,减排努力程度也越高。假设减排投资为一次性投资,且对产品的生产成本没有影响。企业减排成本 $C_i(e_i)$ 随着减排量 e_i 的增加而递增地增加,即 $C_i'(e_i) > 0$,$C_i''(e_i) > 0$,根据 D'Aspremont 和 Jacquemin(1988)及游达明和朱桂菊(2014)对减排成本的构造方法,设定减排成本为 $C_i(e_i) = \frac{1}{2}\gamma_i e_i^2$,其中 $i = m, s$,下标 m 和 s 分别表示生产商和供应商。

(4)保留收益。根据 Ma 等(2018)及 Cai 和 Singham(2018)关于委托-代理模型的假设,本书将生产商和供应商的保留收益标准化为 0。

(5)激励契约。尽管企业隐匿自身减排量信息,但是企业减排节省出来的环境治理费用是可以观测到的。由于减排量信息反映了企业的减排努力程度,假设减排所带来的收益通常与减排量呈线性关系(郭本海等,2013),因此企业减排给政府带来的收益表示为 $u = \eta qe + \varepsilon$,其中 η 表示减排收益系数,qe 表示企业的总减排量,$\varepsilon \in N(0, \sigma^2)$,$\varepsilon$ 表示外生不确定因素(主要来自技术和市场不确定性),σ^2 表示不确定因素的方差,并假设政府对于企业的激励契约是关于减排收益 u 的线性函数。

第三节 模型一：激励契约下不考虑供应商时生产商减排模型

一、基准模型

基准模型下，假设政府仅无法观测到生产商减排量信息，此时生产商减排带来的收益表示为 $u_m = \eta q e_m + \varepsilon_1$，$\varepsilon_1 \in N(0, \sigma_1^2)$，根据假设，政府制定的线性激励契约形式为 $s_m(u_m) = \lambda_0 + \lambda_1 u_m$，其中 λ_0 表示固定补贴，λ_1 表示激励强度。由于政府是风险中性的，因此政府期望收益为

$$E(U_g) = E(u_m - s_m(u_m)) = \eta q e_m - (\lambda_0 + \lambda_1 \eta q e_m) \tag{3-1}$$

生产商期望收益为

$$E(\pi_m) = \lambda_0 + \lambda_1 \eta q e_m - \frac{1}{2}\gamma_m e_m^2 \tag{3-2}$$

由于生产商是风险规避型的，生产商面临的风险为 $\mathrm{var}(\pi_m) = \lambda_1^2 \sigma_1^2$，因此风险成本为 $\mathrm{var}(\pi_m) = \frac{1}{2}\rho_1 \lambda_1^2 \sigma_1^2$，可知生产商风险成本受绝对风险规避度 ρ_1 和外部环境不确定性 σ_1^2 的影响。此时生产商收益用确定性等价收入 CE_m (certain equivalence) 表示为

$$\mathrm{CE}_m = E(\pi_m) - \frac{1}{2}\rho_1 \lambda_1^2 \sigma_1^2 = \lambda_0 + \lambda_1 \eta q e_m - \frac{1}{2}\gamma_m e_m^2 - \frac{1}{2}\rho_1 \lambda_1^2 \sigma_1^2 \tag{3-3}$$

当政府能够观测到生产商减排量信息时，激励相容约束条件并不起作用，因此政府可以通过参与约束条件强制执行契约 (λ_0, λ_1)，此时政府期望收益优化问题表示为

$$\max_{e_m} \eta q e_m - \lambda_0 - \lambda_1 \eta q e_m \tag{3-4}$$

$$\text{s.t.} \quad \lambda_0 + \lambda_1 \eta q e_m - \frac{1}{2}\gamma_m e_m^2 - \frac{1}{2}\rho_1 \lambda_1^2 \sigma_1^2 \geq 0 \tag{3-5}$$

其中，式（3-5）表示参与约束条件，令参与约束条件为等号并回代目标函数，可以得到政府期望收益优化问题表示为

$$\max_{e_m} \eta q e_m - \frac{1}{2}\gamma_m e_m^2 - \frac{1}{2}\rho_1 \lambda_1^2 \sigma_1^2 \qquad (3\text{-}6)$$

根据一阶条件可以得到生产商最优减排量为

$$e_m^{*S} = \frac{\eta q}{\gamma_m} \qquad (3\text{-}7)$$

其中，上标 S 表示对称信息。根据目标函数可以得到最优固定补贴 $\lambda_1^{*S}=0$，并将 e_m^{*S} 回代参与约束条件，可以得到政府最优激励强度为

$$\lambda_0^{*S} = \frac{1}{2}\frac{\eta^2 q^2}{\gamma_m} \qquad (3\text{-}8)$$

当政府不能观测到生产商减排量时，政府如果仍然提供对称信息下的契约，生产商会降低减排量以提高自身的收益，由于政府期望收益归咎于收益不确定及生产商的风险规避程度，政府无法证实生产商是否努力减排，由于非对称信息导致的效率损失，双方只能实现次优契约的安排，此时生产商需要在参与约束与激励相容约束共同作用下执行政府减排激励契约 (λ_0,λ_1)，此时政府期望收益优化问题表示为

$$\max_{\lambda_1} \eta q e_m^{*A} - \lambda_0 - \lambda_1 \eta q e_m^{*A} \qquad (3\text{-}9)$$

$$\text{s.t.} \quad \lambda_0 + \lambda_1 \eta q e_m^{*A} - \frac{1}{2}\gamma_m e_m^{*A2} - \frac{1}{2}\rho_1 \lambda_1^2 \sigma_1^2 \geqslant 0 \qquad (3\text{-}10)$$

$$e_m^{*A} = \operatorname*{argmax}_{e_m} \lambda_0 + \lambda_1 \eta q e_m - \frac{1}{2}\gamma_m e_m^2 - \frac{1}{2}\rho_1 \lambda_1^2 \sigma_1^2 \qquad (3\text{-}11)$$

其中，式（3-11）表示参与约束条件。式（3-12）表示激励相容约束条件。令式（3-11）取等号，根据激励相容约束的一阶条件，可以得到生产商收益最优时减排量为

$$e_m^{*A} = \frac{\lambda_1 \eta q}{\gamma_m} \qquad (3\text{-}12)$$

其中，上标 A 表示非对称信息。将 e_m^{*A} 代入目标函数式（3-9）中，根据一阶条件得到政府对生产商减排的最优激励强度为

$$\lambda_1^{*A} = \frac{\eta^2 q^2}{\eta^2 q^2 + \rho_1 \gamma_m \sigma_1^2} \qquad (3\text{-}13)$$

将 λ_1^{*A} 代入 e_m^{*A} 进一步得到生产商最优减排量为

$$e_m^{*A} = \frac{\eta^3 q^3}{\left(\eta^2 q^2 + \rho_1 \gamma_m \sigma_1^2\right)\gamma_m} \quad (3\text{-}14)$$

由参与约束条件得到，政府给予生产商的最优固定补贴为

$$\lambda_0^{*A} = \frac{1}{2}\rho_1\sigma_1^2 \frac{\eta^4 q^4}{\left(\eta^2 q^2 + \rho_1\gamma_m\sigma_1^2\right)^2} - \frac{1}{2}\frac{\eta^6 q^6}{\left(\eta^2 q^2 + \rho_1\gamma_m\sigma_1^2\right)^2 \gamma_m} \quad (3\text{-}15)$$

二、减排成本未知模型

在基准模型的基础上，进一步假设政府对生产商减排成本信息未知，此时政府仅知道生产商减排成本为 γ_{mH}（H 对应高成本生产商，以下简称 H 型生产商）和 γ_{mL}（L 对应低成本生产商，以下简称 L 型生产商）的分布概率分别为 P_x 和 $1-P_x$，且 $\gamma_{mH} > \gamma_{mL}$，$H$ 型生产商减排能力较弱，L 型生产商减排能力较强。政府制定激励契约的顺序如下：①$t=0$，生产商获知自身减排成本类型 γ_{mH} 和 γ_{mL}；②$t=1$，政府提供一组激励契约 s_{mH} 和 s_{mL}；③$t=2$，生产商接受或者拒绝契约；④$t=3$，生产商执行减排量 e_{mH} 和 e_{mL}；⑤$t=4$，政府获得减排收益，并执行契约，如图 3-2 所示。设定政府对生产商的激励契约表示为 (λ_0, λ_1)。以下分别对对称信息和非对称信息两种情况进行比较研究。

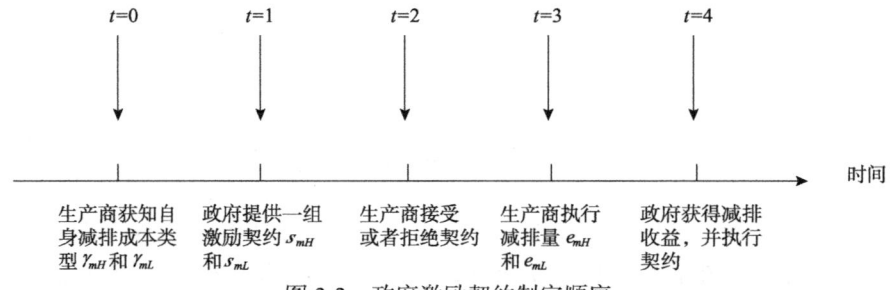

图 3-2　政府激励契约制定顺序

（一）对称信息模型

对称信息下，政府知道生产商减排成本类型，同时可以观测到生产商减排量信息，此时激励相容条件失去作用，即任何水平的 e_{mi} 都可以通过满足参与约束条件强制实现，此时政府制定单一激励契约 $(\lambda_{0i}, \lambda_{1i})$ $(i=H, L)$。政府期望收益优化问题表示为

$$\max_{e_{mi}} E\left(u_{mi} - s_{mi}(u_{mi})\right) = (1-\lambda_{1i})\eta q e_{mi} - \lambda_{0i} \quad (3\text{-}16)$$

$$\text{s.t.} \quad \lambda_{0i} + \lambda_{1i}\eta q e_{mi} - \frac{1}{2}\gamma_{mi}e_{mi}^2 - \frac{1}{2}\rho_1\lambda_1^2\sigma_1^2 \geq 0 \quad (3\text{-}17)$$

其中，式（3-17）表示不同减排成本类型生产商参与约束条件，由于政府给予生产商的激励越小越好，因此将以上参与约束条件取等号并回代目标函数中，政府期望收益优化问题重新表示为

$$\max_{e_{mi}} \eta q e_{mi} - \left(\frac{1}{2}\gamma_{mi}e_{mi}^2 + \frac{1}{2}\rho_1\lambda_{1i}^2\sigma_1^2\right) \quad (3\text{-}18)$$

根据期望收益的一阶条件及参与约束条件，得到生产商最优减排量和政府最优激励契约值如表 3-1 所示。

表 3-1 对称信息下政府和生产商最优策略

最优策略	H 型生产商	L 型生产商
e_m^{*S}	$\dfrac{q\eta}{\gamma_{mH}}$	$\dfrac{q\eta}{\gamma_{mL}}$
λ_1^{*S}	0	0
λ_0^{*S}	$\dfrac{1}{2}\dfrac{(q\eta)^2}{\gamma_{mH}}$	$\dfrac{1}{2}\dfrac{(q\eta)^2}{\gamma_{mL}}$

定理 3.1 对称信息下，$e_{mH}^{*S} < e_{mL}^{*S}$。

结合表 3-1 和定理 3.1 可知，对称信息下，由于政府对两种类型的生产商减排激励强度均为 0，因此政府支付给生产商的激励契约值等于固定补贴，这部分固定补贴使得两种类型生产商正好获得保留收益。H 型生产商获得的激励契约小于 L 型生产商，导致 H 型生产商减排量小于 L 型生产商减排量。

（二）非对称信息模型

非对称信息下，由于政府无法观测到生产商的减排成本和减排量信息，此时政府提供一组激励契约 $\{(\lambda_{0H}, \lambda_{1H}),(\lambda_{0L}, \lambda_{1L})\}$，政府希望无论哪种情况，都能够激励生产商付出最大努力进行减排，激励 H 型生产商实施最大减排量 e_{mH}^{*A}，激励 L 型生产商实施最大减排量 e_{mL}^{*A}，政府激励契约表示为

$$s_{mi}(u_{mi}) = \lambda_{0i} + \lambda_{1i}u_{mi} = \lambda_{0i} + \lambda_{1i}(\eta q e_{mi} + \varepsilon_1) \quad (i=H,L) \quad (3\text{-}19)$$

政府期望收益表示为

$$E(U_{g1}) = P_x E(\pi_{mH} - s_{mH}(u_{mH})) + (1-P_x)E(\pi_{mL} - s_{mL}(u_{1L})) \quad (3\text{-}20)$$

非对称信息下生产商确定性等价收入表示为

$$\text{CE}_{mi} = \lambda_{0i} + \lambda_{1i}\eta q e_{mi} - \frac{1}{2}\gamma_{mi} e_{mi}^2 - \frac{1}{2}\rho_1 \lambda_{1i}^2 \sigma_1^2 \quad (3\text{-}21)$$

因此，非对称信息下政府期望收益优化问题表示为

$$\max_{\{(\lambda_{0H},\lambda_{1H}),(\lambda_{0L},\lambda_{1L})\}} E(U_{g1}) = P_x\left((1-\lambda_{1H})\eta q e_{mH}^{*A} - \lambda_{0H}\right) + (1-P_x)\left((1-\lambda_{1L})\eta q e_{mL}^{*A} - \lambda_{0L}\right)$$

$$(3\text{-}22)$$

$$\text{s.t.} \quad \lambda_{0H} + \lambda_{1H}\eta q e_{mH}^{*A} - \frac{1}{2}\gamma_{mH} e_{mH}^{*A2} - \frac{1}{2}\rho_1 \lambda_{1H}^2 \sigma_1^2 \geq 0 \quad (3\text{-}23)$$

$$\lambda_{0L} + \lambda_{1L}\eta q e_{mL}^{*A} - \frac{1}{2}\gamma_{mL} e_{mL}^{*A2} - \frac{1}{2}\rho_1 \lambda_{1L}^2 \sigma_1^2 \geq 0 \quad (3\text{-}24)$$

$$e_{mH}^{*A} = \mathop{\arg\max}_{e_{mH}} \left(\lambda_{0H} + \lambda_{1H}\eta q e_{mH} - \frac{1}{2}\gamma_{mH} e_{mH}^2 - \frac{1}{2}\rho_1 \lambda_{1H}^2 \sigma_1^2 \right) \quad (3\text{-}25)$$

$$e_{mL}^{*A} = \mathop{\arg\max}_{e_{mL}} \left(\lambda_{0L} + \lambda_{1L}\eta q e_{mL} - \frac{1}{2}\gamma_{mL} e_{mL}^2 - \frac{1}{2}\rho_1 \lambda_{1L}^2 \sigma_1^2 \right) \quad (3\text{-}26)$$

$$\lambda_{0H} + \lambda_{1H}\eta q e_{mH}^{*A} - \frac{1}{2}\gamma_{mH} e_{mH}^{*A2} - \frac{1}{2}\rho_1 \lambda_{1H}^2 \sigma_1^2$$
$$\geq \mathop{\max}_{e_{mH}} \left(\lambda_{0L} + \lambda_{1L}\eta q e_{mH} - \frac{1}{2}\gamma_{mH} e_{mH}^2 - \frac{1}{2}\rho_1 \lambda_{1L}^2 \sigma_1^2 \right) \quad (3\text{-}27)$$

$$\lambda_{0L} + \lambda_{1L}\eta q e_{mL}^{*A} - \frac{1}{2}\gamma_{mL} e_{mL}^{*A2} - \frac{1}{2}\rho_1 \lambda_{1L}^2 \sigma_1^2$$
$$\geq \mathop{\max}_{e_{mL}} \left(\lambda_{0H} + \lambda_{1H}\eta q e_{mL} - \frac{1}{2}\gamma_{mL} e_{mL}^2 - \frac{1}{2}\rho_1 \lambda_{1H}^2 \sigma_1^2 \right) \quad (3\text{-}28)$$

其中，式（3-23）和式（3-24）分别表示生产商的参与约束条件；式（3-25）和式（3-26）表示道德风险下生产商激励相容约束条件；式（3-27）和式（3-28）表示逆向选择下生产商的激励相容约束条件，表明 H 型生产商（L 型生产商）选择契约 $(\lambda_{0L}, \lambda_{1L})$（契约 $(\lambda_{0H}, \lambda_{1H})$）获得的期望收益不高于选择契约 $(\lambda_{0H}, \lambda_{1H})$（契约 $(\lambda_{0L}, \lambda_{1L})$）的期望收益，以确保生产商根据自己排放类型选择相应的契约，根据道德风险下的激励相容约束条件可以得到 H 型和 L 型生产商最优减排量分别为

$$e_{mH}^{*A} = \frac{\lambda_{1H}\eta q}{\gamma_{mH}} \tag{3-29}$$

$$e_{mL}^{*L} = \frac{\lambda_{1L}\eta q}{\gamma_{mL}} \tag{3-30}$$

其中，逆向选择的激励相容约束条件等号右边可以重新表示为

$$\max_{e_{mH}}\left(\lambda_{0L} + \lambda_{1L}\eta q e_{mH} - \frac{1}{2}\gamma_{mH}e_{mL}^2 - \frac{1}{2}\rho_1\lambda_{1L}^2\sigma_1^2\right)$$
$$= \lambda_{0L} + \frac{1}{2}\frac{(\lambda_{1L}\eta q)^2}{\gamma_{mH}} - \frac{1}{2}\rho_1\lambda_{1L}^2\sigma_1^2 \tag{3-31}$$

$$\max_{e_{mL}}\left(\lambda_{0H} + \lambda_{1H}\eta q e_{mL} - \frac{1}{2}\gamma_{mL}e_{mL}^2 - \frac{1}{2}\rho_1\lambda_{1H}^2\sigma_1^2\right)$$
$$= \lambda_{0H} + \frac{1}{2}\frac{(\lambda_{1H}\eta q)^2}{\gamma_{mL}} - \frac{1}{2}\rho_1\lambda_{1H}^2\sigma_1^2 \tag{3-32}$$

根据以上分析，将式（3-29）～式（3-32）回代原优化问题中，政府期望收益优化问题进一步表示为

$$\max_{\{(\lambda_{0H},\lambda_{1H}),(\lambda_{0L},\lambda_{1L})\}} P_x\left((1-\lambda_{1H})\eta q\frac{\lambda_{1H}\eta q}{\gamma_{mH}} - \lambda_{0H}\right) + (1-P_x)\left((1-\lambda_{1L})\eta q\frac{\lambda_{1L}\eta q}{\gamma_{mL}} - \lambda_{0L}\right) \tag{3-33}$$

s.t.
$$\lambda_{0H} + \frac{1}{2}\frac{(\lambda_{1H}\eta q)^2}{\gamma_{mH}} - \frac{1}{2}\rho_1\lambda_{1H}^2\sigma_1^2 \geq 0 \tag{3-34}$$

$$\lambda_{0L} + \frac{1}{2}\frac{(\lambda_{1L}\eta q)^2}{\gamma_{mL}} - \frac{1}{2}\rho_1\lambda_{1L}^2\sigma_1^2 \geq 0 \tag{3-35}$$

$$\lambda_{0H} + \frac{1}{2}\frac{(\lambda_{1H}\eta q)^2}{\gamma_{mH}} - \frac{1}{2}\rho_1\lambda_{1H}^2\sigma_1^2 \geq \lambda_{0L} + \frac{1}{2}\frac{(\lambda_{1L}\eta q)^2}{\gamma_{mH}} - \frac{1}{2}\rho_1\lambda_{1L}^2\sigma_1^2 \tag{3-36}$$

$$\lambda_{0L} + \frac{1}{2}\frac{(\lambda_{1L}\eta q)^2}{\gamma_{mL}} - \frac{1}{2}\rho_1\lambda_{1L}^2\sigma_1^2 \geq \lambda_{0H} + \frac{1}{2}\frac{(\lambda_{1H}\eta q)^2}{\gamma_{mL}} - \frac{1}{2}\rho_1\lambda_{1H}^2\sigma_1^2 \tag{3-37}$$

容易得到式（3-34）和式（3-36）约束条件是紧的，因此一定取等号，式（3-34）和式（3-36）转换为 Lagrangian 函数为

$$
\begin{aligned}
&L1(\lambda_{0H}, \lambda_{1H}, \lambda_{0L}, \lambda_{1L}, \omega_1, \omega_2) \\
&= P_x\left(\frac{(1-\lambda_{1H})\lambda_{1H}(\eta q)^2}{\gamma_{mH}} - \lambda_{0H}\right) + (1-P_x)\left(\frac{(1-\lambda_{1L})\lambda_{1L}(\eta q)^2}{\gamma_{mL}} - \lambda_{0L}\right) \\
&\quad + \omega_1\left(\lambda_{0H} + \frac{(\lambda_{1H}\eta q)^2}{2\gamma_{mH}} - \frac{1}{2}\rho_1\lambda_{1H}^2\sigma_1^2\right) + \omega_2\left(\lambda_{0L} + \frac{(\lambda_{1L}\eta q)^2}{2\gamma_{mL}} - \frac{1}{2}\rho_1\lambda_{1L}^2\sigma_1^2\right) \\
&\quad - \left(\lambda_{0H} + \frac{(\lambda_{1H}\eta q)^2}{2\gamma_{mL}} - \frac{1}{2}\rho_1\lambda_{1L}^2\sigma_1^2\right)
\end{aligned}
\quad (3\text{-}38)
$$

分别令 $\frac{\partial L1}{\partial \lambda_{0H}} = -P_x + \omega_1 - \omega_2 = 0$ 和 $\frac{\partial L1}{\partial \lambda_{0L}} = -1 + P_x + \omega_2 = 0$，得到 $\omega_1 = 1$ 和 $\omega_2 = 1 - P_x$，回代 Lagrangian 函数得到

$$
\begin{aligned}
\frac{\partial L1}{\partial \lambda_{1H}} &= P_x\left(\frac{(1-\lambda_{1H})(\eta q)^2}{\gamma_{mH}} - \frac{\lambda_{1H}(\eta q)^2}{\gamma_{mH}}\right) + \frac{\lambda_{1H}(\eta q)^2}{\gamma_{mH}} \\
&\quad - \rho_1\lambda_{1H}\sigma_1^2 + (1-P_x)\left(\rho_1\lambda_{1H}\sigma_1^2 - \frac{\lambda_{1H}(\eta q)^2}{\gamma_{mL}}\right) = 0
\end{aligned}
\quad (3\text{-}39)
$$

$$
\frac{\partial L1}{\partial \lambda_{1L}} = (1-P_x)\left(\frac{(1-\lambda_{1L})(\eta q)^2}{\gamma_{mL}} - \frac{\lambda_{1L}(\eta q)^2}{\gamma_{mL}}\right) + (1-P_x)\left(\frac{\lambda_{1L}(\eta q)^2}{\gamma_{mL}} - \rho_1\lambda_{1L}\sigma_1^2\right) = 0
\quad (3\text{-}40)
$$

根据 $E(U_{g1})$ 关于 λ_{1i} 的一阶条件和参与约束条件可以得到非对称信息下政府和生产商最优策略如表 3-2 所示。

表 3-2 非对称信息下政府和生产商最优策略

最优策略	H 型生产商	L 型生产商
e_m^{*A}	$\dfrac{\eta^3 q^3}{\rho_1\sigma_1^2\gamma_{mH} + \eta^2 q^2\gamma_{mH}\left(1 + \dfrac{(1-P_x)}{P_x}\left(\dfrac{\gamma_{mH}}{\gamma_{mL}} - 1\right)\right)}$	$\dfrac{\eta^3 q^3}{\rho_1\sigma_1^2\gamma_{mL} + \eta^2 q^2\gamma_{mL}}$
λ_1^{*A}	$\dfrac{\eta^2 q^2}{\rho_1\sigma_1^2\gamma_{mH} + \eta^2 q^2\left(1 + \dfrac{(1-P_x)}{P_x}\left(\dfrac{\gamma_{mH}}{\gamma_{mL}} - 1\right)\right)}$	$\dfrac{\eta^2 q^2}{\rho_1\sigma_1^2\gamma_{mL} + \eta^2 q^2}$
λ_0^{*A}	$\lambda_{1H}^{A2}\left(\dfrac{1}{2}\rho_1\sigma_1^2 - \dfrac{1}{2\gamma_{mH}}\eta^2 q^2\right)$	$\lambda_{1L}^{A2}\left(\left(\dfrac{1}{2\gamma_{mL}} - \dfrac{1}{2\gamma_{mH}}\right)(\eta q)^2 + \dfrac{1}{2}\rho_1\sigma_1^2 - \dfrac{1}{2\gamma_{mL}}(\eta q)^2\right)$

定理 3.2 非对称信息下，$e_{mH}^{*A} < e_{mL}^{*A}$，$\lambda_{1H}^{*A} < \lambda_{1L}^{*A}$，生产商减排成本之间的差距越大，以上值之间的差距也越大。

证明 由于 $\gamma_{mH} > \gamma_{mL}$，可以得到 $\frac{(1-P_x)}{P_x}\left(\frac{\gamma_{mH}}{\gamma_{mL}} - 1\right) > 0$，根据表 3-2 可以得到 $e_{mH}^{*A} < e_{mL}^{*A}$，$\lambda_{1H}^{*A} < \lambda_{1L}^{*A}$，并且随着减排成本之间的差距越大，$\gamma_{mH}$ 大于 γ_{mL} 的程度越大，$\frac{(1-P_x)}{P_x}\left(\frac{\gamma_{mH}}{\gamma_{mL}} - 1\right)$ 越大，可以得到 e_{mH}^{*A} 与 e_{mL}^{*A}，λ_{1H}^{*A} 与 λ_{1L}^{*A} 之间的差距越大。证毕。

由定理 3.2 可以看出，政府对生产商的激励强度越大，生产商越努力减排。两种减排成本之间差距越大，L 型生产商模仿 H 型生产商的概率越大，L 型生产商获得政府的激励强度也越大。

定理 3.3 非对称信息下，H 型生产商获得保留收益，L 型生产商获得严格正的信息租金：

$$R_L = \frac{1}{2}\left(\frac{\gamma_{mH} - \gamma_{mL}}{\gamma_{mL}\gamma_{mH}}\right)\left(\frac{\eta^3 q^3}{\gamma_{mH}\rho_1\sigma_1^2 + \eta^2 q^2\left(1 + \frac{(1-P_x)}{P_x}\left(\frac{\gamma_{mH}}{\gamma_{mL}} - 1\right)\right)}\right)^2$$

并假设满足条件 $\frac{(1-P_x)}{P_x}\left(\frac{\gamma_{mH}}{\gamma_{mL}} - 1\right) > 1$。

证明 如果一组契约 $\{(\lambda_{0H}, \lambda_{1H}), (\lambda_{0L}, \lambda_{1L})\}$ 是激励可行的，则应考虑到 L 型生产商模仿 H 型生产商所获得的收益，此时应满足以下条件

$$\max_{e_{mL}}\left(\lambda_{0H} + \lambda_{1H}\eta q e_{mL} - \frac{1}{2}\gamma_{mL}e_{mL}^2 - \frac{1}{2}\rho_1\lambda_{1H}^2\sigma_1^2\right)$$

$$= \lambda_{0H} + \frac{(\lambda_{1H}\eta q)^2}{2\gamma_{mL}} - \frac{1}{2}\rho_1\lambda_{1H}^2\sigma_1^2$$

$$= \lambda_{0H} + \frac{(\lambda_{1H}\eta q)^2}{2\gamma_{mH}} - \frac{1}{2}\rho_1\lambda_{1H}^2\sigma_1^2 + \frac{(\lambda_{1H}\eta q)^2}{2\gamma_{mL}} - \frac{(\lambda_{1H}\eta q)^2}{2\gamma_{mH}}$$

由于 $\lambda_{0H} + \frac{1}{2}\frac{(\lambda_{1H}\eta q)^2}{\gamma_{mH}} - \frac{1}{2}\rho_1\lambda_{1H}^2\sigma_1^2$ 表示 H 型生产商收益，根据假设，其等于保留收益，因此 L 型生产商获得额外的收益为

$$\frac{1}{2}\left(\frac{\gamma_{mH}-\gamma_{mL}}{\gamma_{mL}\gamma_{mH}}\right)\left(\frac{\eta^3 q^3}{\gamma_{mH}\rho_1\sigma_1^2+\eta^2 q^2\left(1+\frac{(1-P_x)}{P_x}\left(\frac{\gamma_{mH}}{\gamma_{mL}}-1\right)\right)}\right)^2$$

即信息租金。证毕。

由定理 3.3 可知，信息租金是政府支付给 L 型生产商额外的费用，这部分费用是确保 L 型生产商没有谎称自己是 H 型生产商的可能性，该信息租金与两种生产商减排成本均相关。

定理 3.4

（1）当 $\rho_1 \to +\infty$ 时，生产商属于风险极端厌恶型，生产商没有任何风险承担能力，政府对生产商减排的最优激励强度为 0，生产商最优减排量为 0，L 型生产商获得的信息租金也为 0。

（2）当 $\rho_1 \to 0$ 时，生产商趋于风险中性，政府对 H 型生产商减排的最优激励强度为 $\lambda_{1H}^{*A}=\dfrac{P_x\eta^2 q^2}{\eta^2 q^2(1-P_x)(\gamma_{mH}/\gamma_{mL}-1)+P_x\eta^2 q^2}<1$，$H$ 型生产商最优减排量为

$$e_{mH}^{*A}=\frac{\eta q}{\gamma_{mH}\left(1+\dfrac{(1-P_x)}{P_x}\left(\dfrac{\gamma_{mH}}{\gamma_{mL}}-1\right)\right)}$$

政府对 L 型生产商减排的最优激励强度为 $\lambda_{1L}^{*A}=1$，L 型生产商最优减排量为 $e_{mL}^{*A}=\dfrac{\eta q}{\gamma_{mL}}$，信息租金为

$$R_L=\frac{1}{2}\left(\frac{\gamma_{mH}-\gamma_{mL}}{\gamma_{mL}\gamma_{mH}}\right)\left(\frac{\eta^3 q^3}{\eta^2 q^2\left(1+\dfrac{(1-P_x)}{P_x}\left(\dfrac{\gamma_{mH}}{\gamma_{mL}}-1\right)\right)}\right)^2$$

（3）当 $\rho_1>0$ 时，生产商是风险规避型，随着生产商风险厌恶程度的增加，政府对生产商的激励逐渐减小，生产商减排量也随之减小，L 型生产商信息租金逐渐减小。

由定理 3.4 可知，在政府激励生产商减排的过程中，市场减排收益风险由生产商和政府共同承担，如果生产商不愿意承担减排带来的收益风险，则政府的激励强度就相应地下调，生产商如果愿意承担风险，政府对生产商的激励强度就相应地上调。

（三）非对称信息与对称信息模型比较分析

下面对非对称信息和对称信息下政府激励契约和生产商减排策略进行比较分析。对称信息和非对称信息下政府对 H 型和 L 型生产商期望激励契约差值分别表示为

$$\Delta E\left(s_{mH}^{\mathrm{SA}}\right) = E\left(s_{sH}^{S}\right) - E\left(s_{mH}^{A}\right) = \frac{(q\eta)^2}{2\gamma_{mH}} - \lambda_{1H}^{*A2}\left(\frac{1}{2\gamma_{mH}}(\eta q)^2 + \frac{1}{2}\rho_1\sigma_1^2\right) \quad (3\text{-}41)$$

$$\Delta E\left(s_{mL}^{\mathrm{SA}}\right) = E\left(s_{mL}^{S}\right) - E\left(s_{mL}^{A}\right)$$
$$= \frac{(q\eta)^2}{2\gamma_{mL}} - \lambda_{1L}^{*A2}\left(\frac{1}{2\gamma_{mL}}(\eta q)^2 + \frac{1}{2}\rho_1\sigma_1^2\right) - \left(\frac{1}{2\gamma_{mL}} - \frac{1}{2\gamma_{mH}}\right)\left(\lambda_{1H}^{*A}\eta q\right)^2 \quad (3\text{-}42)$$

其中，上标 SA 表示对称信息与非对称信息的差值。由此可以得到定理 3.5。

定理 3.5

（1）当 $\rho_1 \to +\infty$ 时，政府对 H 型和 L 型生产商期望激励契约差值分别为

$$\Delta E\left(s_{mH}^{\mathrm{SA}}\right)\big|_{\rho_1 \to +\infty} = \frac{(q\eta)^2}{2\gamma_{mH}}$$

$$\Delta E\left(s_{mL}^{\mathrm{SA}}\right)\big|_{\rho_1 \to +\infty} = \frac{(q\eta)^2}{2\gamma_{mL}}$$

（2）当 $\rho_1 \to 0$ 时，政府对 H 型和 L 型生产商期望激励契约差值有如下关系：

$$\Delta E\left(s_{mH}^{\mathrm{SA}}\right)\big|_{\rho_1 \to 0} < \Delta E\left(s_{mH}^{\mathrm{SA}}\right)\big|_{\rho_1 \to +\infty}$$

$$\Delta E\left(s_{mL}^{\mathrm{SA}}\right)\big|_{\rho_1 \to 0} < \Delta E\left(s_{mL}^{\mathrm{SA}}\right)\big|_{\rho_1 \to +\infty}$$

（3）当 $\rho_1 > 0$ 时，随着生产商风险规避系数的增加，政府对 H 型和 L 型生产商期望激励契约差值 $\Delta E\left(s_{mH}^{\mathrm{SA}}\right)$ 和 $\Delta E\left(s_{mL}^{\mathrm{SA}}\right)$ 逐渐增大。

证明 结合式（3-41）和式（3-42）可以得到以上定理。证毕。

由定理 3.5 可知，生产商风险规避系数越大，对政府激励契约的影响越大，并且两种生产商获得的激励契约的差距也越大，生产商风险规避系数不仅影响自身减排，同时影响政府激励契约的设计。

定理 3.6 非对称信息与对称信息比较，$\lambda_{1H}^{*A} > \lambda_{1H}^{*S}$，$\lambda_{1L}^{*A} > \lambda_{1L}^{*S}$，$e_{mH}^{*S} > e_{mH}^{*A}$，$e_{mL}^{*S} > e_{mL}^{*A}$。

证明 略。

由定理 3.6 可以得到，造成非对称信息下政府对生产商减排激励强度大于对称信息下值的原因是非对称信息下政府并不能观测到生产商的减排量信息，政府在固定补贴的情况下，必须给予一定激励才能保证生产商能够进行减排，否则生产商不会参与减排行动。非对称信息下，生产商并不是按照政府期望收益最大化进行减排，此时减排量并不是帕累托最优，因此非对称信息下减排量小于对称信息下的值。

第四节　模型二：激励契约下考虑供应商时供应链减排协调模型

当考虑供应商时，整个减排体系中包括政府、生产商及供应商，在由生产商和供应商组成的供应链系统中，生产商是主导者，供应商为从属者，生产商为了能得到更加环保低碳的原材料，通常也鼓励供应商进行减排，此时政府、生产商及供应商构成双层委托-代理关系。根据模型假设，生产商生产 q 单位产品需要 q 单位原材料，因此供应商减排带来的收益表示为 $u_s = \eta q e_s + \varepsilon_2$，$\varepsilon_2 \sim N(0, \sigma_2^2)$，$\varepsilon_2$ 表示外部不确定因素（涉及原材料采购、技术及市场因素影响），并且 ε_1 和 ε_2 之间相互独立。生产商对供应商激励契约表示为 $s_s = \lambda_2 + \lambda_3 u_s$，$\lambda_2$ 和 λ_3 分别表示生产商对供应商减排的固定补贴和激励强度。因此，当考虑供应商减排时政府对生产商的激励契约表示为 $s_{ms} = \lambda_4 + \lambda_5 (u_m + u_s)$，$\lambda_4$ 和 λ_5 分别表示政府对生产商减排的固定补贴和激励强度，因此生产商获得的净补贴表示为

$$s_{ms} - s_s = \lambda_4 - \lambda_2 + \lambda_5 u_m + (\lambda_5 - \lambda_3) u_s \tag{3-43}$$

生产商面临的风险为

$$\text{var}(\pi_{ms}) = \lambda_5^2 \sigma_1^2 + (\lambda_5 - \lambda_3)^2 \sigma_2^2 \tag{3-44}$$

因此，生产商风险成本为

$$\frac{1}{2} \rho_1 \text{var}(\pi_{ms}) = \frac{1}{2} \rho_1 \left(\lambda_5^2 \sigma_1^2 + (\lambda_5 - \lambda_3)^2 \sigma_2^2 \right) \tag{3-45}$$

非对称信息下生产商确定性等价收入 CE_{ms} 为

$$\begin{aligned} CE_{ms} = &\, \lambda_4 - \lambda_2 + \lambda_5 \eta q e_m + (\lambda_5 - \lambda_3) \eta q e_s \\ &- \frac{1}{2} \gamma_m e_m^2 - \frac{1}{2} \rho_1 \left(\lambda_5^2 \sigma_1^2 + (\lambda_5 - \lambda_3)^2 \sigma_2^2 \right) \end{aligned} \tag{3-46}$$

政府设计一组契约 $\{(\lambda_{4H},\lambda_{5H}),(\lambda_{4L},\lambda_{5L})\}$，希望 H 型生产商选择契约 $(\lambda_{4H},\lambda_{5H})$，$L$ 型生产商选择契约 $(\lambda_{4L},\lambda_{5L})$，而生产商对供应商的激励契约表示为 (λ_2,λ_3)，因此考虑供应商减排时政府期望收益优化问题表示为

$$\max_{\{(\lambda_{4H},\lambda_{5H}),(\lambda_{4L},\lambda_{5L})\}} P_x\left((1-\lambda_{5H})\eta q\left(e_{mH}^{**A}+e_s^{*A}\right)-\lambda_{4H}\right)+(1-P_x)\left((1-\lambda_{5L})\eta q\left(e_{mL}^{**A}+e_s^{*A}\right)-\lambda_{4L}\right) \quad (3\text{-}47)$$

$$\text{s.t.}\ e_{mH}^{**A}\in\operatorname{argmax}\Bigl(\left(\lambda_{4H}+\lambda_{5H}\eta q\left(e_{mH}+e_s^{*A}\right)\right)-\left(\lambda_2+\lambda_3\eta q e_s^{*A}\right)-\tfrac{1}{2}\gamma_{mH}e_{mH}^2$$
$$-\tfrac{1}{2}\rho_1\left(\lambda_{5H}^2\sigma_1^2+(\lambda_{5H}-\lambda_3)^2\sigma_2^2\right)\Bigr) \quad (3\text{-}48)$$

$$e_{mL}^{**A}\in\operatorname{argmax}\Bigl(\lambda_{4L}+\lambda_{5L}\eta q\left(e_{mL}+e_s^{*A}\right)-\left(\lambda_2+\lambda_3\eta q e_s^{*A}\right)-\tfrac{1}{2}\gamma_{mL}e_{mL}^2$$
$$-\tfrac{1}{2}\rho_1\left(\lambda_{5L}^2\sigma_1^2+(\lambda_{5L}-\lambda_3)^2\sigma_2^2\right)\Bigr) \quad (3\text{-}49)$$

$$e_s^{*A}\in\operatorname{argmax}\left(\lambda_2+\lambda_3\eta q e_s-\tfrac{1}{2}\gamma_s e_s^2-\tfrac{1}{2}\rho_2\lambda_3^2\sigma_2^2\right) \quad (3\text{-}50)$$

$$\lambda_{4H}+\lambda_{5H}\eta q\left(e_{mH}^{**A}+e_s^{*A}\right)-\left(\lambda_2+\lambda_3\eta q e_s^{*A}\right)$$
$$-\tfrac{1}{2}\gamma_{mH}e_{mH}^{**A2}-\tfrac{1}{2}\rho_1\left(\lambda_{5H}^2\sigma_1^2+(\lambda_{5H}-\lambda_3)^2\sigma_2^2\right)\geqslant 0 \quad (3\text{-}51)$$

$$\lambda_2+\lambda_3\eta q e_s^{*A}-\tfrac{1}{2}\gamma_s e_s^{*A2}-\tfrac{1}{2}\rho_2\lambda_3^2\sigma_2^2\geqslant 0 \quad (3\text{-}52)$$

$$\lambda_{4L}+\lambda_{5L}\eta q\left(e_{mL}^{**A}+e_s^{*A}\right)-\left(\lambda_2+\lambda_3\eta q e_s^{*A}\right)$$
$$-\tfrac{1}{2}\gamma_{mL}e_{mL}^{**A2}-\tfrac{1}{2}\rho_1\left(\lambda_{5L}^2\sigma_1^2+(\lambda_{5L}-\lambda_3)^2\sigma_2^2\right)\geqslant 0 \quad (3\text{-}53)$$

$$\lambda_{4H}+\lambda_{5H}\eta q\left(e_{mH}^{**A}+e_s^{*A}\right)-\left(\lambda_2+\lambda_3\eta q e_s^{*A}\right)-\tfrac{1}{2}\gamma_{mH}e_{mH}^{**A2}$$
$$-\tfrac{1}{2}\rho_1\left(\lambda_{5H}^2\sigma_1^2+(\lambda_{5H}-\lambda_3)^2\sigma_2^2\right)\geqslant\max_{e_{mH}}\Bigl(\lambda_{4L}+\lambda_{5L}\eta q\left(e_{mH}+e_s^{*A}\right)-\left(\lambda_2+\lambda_3\eta q e_s^{*A}\right)$$
$$-\tfrac{1}{2}\gamma_{mH}e_{mH}^2-\tfrac{1}{2}\rho_1\left(\lambda_{5L}^2\sigma_1^2+(\lambda_{5L}-\lambda_3)^2\sigma_2^2\right)\Bigr)$$

$$(3\text{-}54)$$

$$\lambda_{4L} + \lambda_{5L}\eta q\left(e_{mL}^{**A} + e_s^{*A}\right) - \left(\lambda_2 + \lambda_3\eta q e_s^{*A}\right) - \frac{1}{2}\gamma_{mL}e_{mL}^{**A2}$$
$$-\frac{1}{2}\rho_1\left(\lambda_{5L}^2\sigma_1^2 + (\lambda_{5L}-\lambda_3)^2\sigma_2^2\right) \geqslant \max_{e_{mL}}\left(\lambda_{4H} + \lambda_{5H}\eta q\left(e_{mL} + e_s^{*A}\right) - \left(\lambda_2 + \lambda_3\eta q e_s^{*A}\right)\right.$$
$$\left.-\frac{1}{2}\gamma_{mL}e_{mL}^2 - \frac{1}{2}\rho_1\left(\lambda_{5H}^2\sigma_1^2 + (\lambda_{5H}-\lambda_3)^2\sigma_2^2\right)\right)$$

（3-55）

其中，式（3-48）和式（3-49）表示生产商道德风险下的激励相容约束条件；式（3-50）表示供应商道德风险下的激励相容约束条件；式（3-51）和式（3-52）表示生产商参与约束条件；式（3-53）表示供应商参与约束条件；式（3-54）和式（3-55）分别表示逆向选择下的激励相容约束条件；根据式（3-48）～式（3-50）一阶条件得到生产商和供应商的最优减排量为

$$e_{mH}^{**A} = \frac{\lambda_{5H}\eta q}{\gamma_{mH}}$$

（3-56）

$$e_{mL}^{**A} = \frac{\lambda_{5L}\eta q}{\gamma_{mL}}$$

（3-57）

$$e_s^{*A} = \frac{\lambda_3\eta q}{\gamma_s}$$

（3-58）

逆向选择下的激励相容约束条件式（3-54）和式（3-55）等号右边可以重新表示为

$$\max_{e_{mH}}\left(\lambda_{4L} + \lambda_{5L}\eta q\left(e_{mH} + e_s^{*A}\right) - \left(\lambda_2 + \lambda_3\eta q e_s^{*A}\right) - \frac{1}{2}\gamma_{mH}e_{mH}^2 - \frac{1}{2}\rho_1\left(\lambda_{5L}^2\sigma_1^2 + (\lambda_{5L}-\lambda_3)^2\sigma_2^2\right)\right)$$
$$= \lambda_{4L} - \lambda_2 + \frac{(\lambda_{5L}\eta q)^2}{2\gamma_{mH}} + \frac{(\lambda_{5L}-\lambda_3)\lambda_3(\eta q)^2}{\gamma_s} - \frac{1}{2}\rho_1\left(\lambda_{5L}^2\sigma_1^2 + (\lambda_{5L}-\lambda_3)^2\sigma_2^2\right)$$

（3-59）

$$\max_{e_{mL}}\left(\lambda_{4H} + \lambda_{5H}\eta q\left(e_{mL} + e_s^{*A}\right) - \left(\lambda_2 + \lambda_3\eta q e_s^{*A}\right) - \frac{1}{2}\gamma_{mL}e_{mL}^2 - \frac{1}{2}\rho_1\left(\lambda_{5H}^2\sigma_1^2 + (\lambda_{5H}-\lambda_3)^2\sigma_2^2\right)\right)$$
$$= \lambda_{4H} - \lambda_2 + \frac{(\lambda_{5H}\eta q)^2}{2\gamma_{mL}} + \frac{(\lambda_{5H}-\lambda_3)\lambda_3(\eta q)^2}{\gamma_s} - \frac{1}{2}\rho_1\left(\lambda_{5H}^2\sigma_1^2 + (\lambda_{5H}-\lambda_3)^2\sigma_2^2\right)$$

（3-60）

将式（3-56）～式（3-58）回代该优化问题，因此以上优化问题重新表示为

$$\max_{\{(\lambda_{4H},\lambda_{5H}),(\lambda_{4L},\lambda_{5L})\}} P_x\left((1-\lambda_{5H})(\eta q)^2\left(\frac{\lambda_{5H}}{\gamma_{mH}}+\frac{\lambda_3}{\gamma_s}\right)-\lambda_{4H}\right) \\ +(1-P_x)\left((1-\lambda_{5L})(\eta q)^2\left(\frac{\lambda_{5L}}{\gamma_{mL}}+\frac{\lambda_3}{\gamma_s}\right)-\lambda_{4L}\right) \quad (3\text{-}61)$$

s.t.
$$\lambda_{4H}-\lambda_2+\frac{(\lambda_{5H}\eta q)^2}{2\gamma_{mH}}+\frac{(\lambda_{5H}-\lambda_3)\lambda_3(\eta q)^2}{\gamma_s} \\ -\frac{1}{2}\rho_1\left(\lambda_{5H}^2\sigma_1^2+(\lambda_{5H}-\lambda_3)^2\sigma_2^2\right)\geqslant 0 \quad (3\text{-}62)$$

$$\lambda_{4L}-\lambda_2+\frac{(\lambda_{5L}\eta q)^2}{2\gamma_{mL}}+\frac{(\lambda_{5L}-\lambda_3)\lambda_3(\eta q)^2}{\gamma_s} \\ -\frac{1}{2}\rho_1\left(\lambda_{5L}^2\sigma_1^2+(\lambda_{5L}-\lambda_3)^2\sigma_2^2\right)\geqslant 0 \quad (3\text{-}63)$$

$$\lambda_2+\frac{(\lambda_3\eta q)^2}{2\gamma_s}-\frac{1}{2}\rho_2\lambda_3^2\sigma_2^2\geqslant 0 \quad (3\text{-}64)$$

$$\lambda_{4H}-\lambda_2+\frac{(\lambda_{5H}\eta q)^2}{2\gamma_{mH}}+\frac{(\lambda_{5H}-\lambda_3)\lambda_3(\eta q)^2}{\gamma_s}-\frac{1}{2}\rho_1\left(\lambda_{5H}^2\sigma_1^2+(\lambda_{5H}-\lambda_3)^2\sigma_2^2\right) \\ \geqslant \lambda_{4L}-\lambda_2+\frac{(\lambda_{5L}\eta q)^2}{2\gamma_{mH}}+\frac{(\lambda_{5L}-\lambda_3)\lambda_3(\eta q)^2}{\gamma_s}-\frac{1}{2}\rho_1\left(\lambda_{5L}^2\sigma_1^2+(\lambda_{5L}-\lambda_3)^2\sigma_2^2\right)$$

$$(3\text{-}65)$$

$$\lambda_{4L}-\lambda_2+\frac{(\lambda_{5L}\eta q)^2}{2\gamma_{mL}}+\frac{(\lambda_{5L}-\lambda_3)\lambda_3(\eta q)^2}{\gamma_s}-\frac{1}{2}\rho_1\left(\lambda_{5L}^2\sigma_1^2+(\lambda_{5L}-\lambda_3)^2\sigma_2^2\right) \\ \geqslant \lambda_{4H}-\lambda_2+\frac{(\lambda_{5H}\eta q)^2}{2\gamma_{mL}}+\frac{(\lambda_{5H}-\lambda_3)\lambda_3(\eta q)^2}{\gamma_s}-\frac{1}{2}\rho_1\left(\lambda_{5H}^2\sigma_1^2+(\lambda_{5H}-\lambda_3)^2\sigma_2^2\right)$$

$$(3\text{-}66)$$

取供应商参与约束条件式（3-64）为等号

$$\lambda_2=\frac{1}{2}\rho_2\lambda_3^2\sigma_2^2-\frac{(\lambda_3\eta q)^2}{2\gamma_s} \quad (3\text{-}67)$$

同时式（3-62）和式（3-66）为紧约束，将式（3-67）回代该优化问题中，因此该优化问题的 Lagrangian 函数表示为

$$
\begin{aligned}
L3 &= (\lambda_{4H}, \lambda_{5H}, \lambda_{4L}, \lambda_{5L}, \omega_4, \omega_5) \\
&= P_x \left((1-\lambda_{5H})(\eta q)^2 \left(\frac{\lambda_{5H}}{\gamma_{mH}} + \frac{\lambda_3}{\gamma_s} \right) - \lambda_{4H} \right) + (1-P_x) \left((1-\lambda_{5L})(\eta q)^2 \left(\frac{\lambda_{5L}}{\gamma_{mL}} + \frac{\lambda_3}{\gamma_s} \right) - \lambda_{4L} \right) \\
&\quad + \omega_4 \left(\lambda_{4H} - \lambda_2 + \frac{(\lambda_{5H} \eta q)^2}{2\gamma_{mH}} + \frac{(\lambda_{5H} - \lambda_3)\lambda_3 (\eta q)^2}{\gamma_s} - \frac{1}{2}\rho_1 \left(\lambda_{5H}^2 \sigma_1^2 + (\lambda_{5H} - \lambda_3)^2 \sigma_2^2 \right) \right) \\
&\quad + \omega_5 \left(\lambda_{4L} - \lambda_2 + \frac{(\lambda_{5L} \eta q)^2}{2\gamma_{mL}} + \frac{(\lambda_{5L} - \lambda_3)\lambda_3 (\eta q)^2}{\gamma_s} - \frac{1}{2}\rho_1 \left(\lambda_{5L}^2 \sigma_1^2 + (\lambda_{5L} - \lambda_3)^2 \sigma_2^2 \right) \right. \\
&\quad \left. - \left(\lambda_{4H} - \lambda_2 + \frac{(\lambda_{5H} \eta q)^2}{2\gamma_{mL}} + \frac{(\lambda_{5H} - \lambda_3)\lambda_3 (\eta q)^2}{\gamma_s} - \frac{1}{2}\rho_1 \left(\lambda_{5H}^2 \sigma_1^2 + (\lambda_{5H} - \lambda_3)^2 \sigma_2^2 \right) \right) \right)
\end{aligned}
$$

（3-68）

由 $\frac{\partial L3}{\partial \lambda_{4H}} = -P_x + \omega_4 - \omega_5 = 0$ 和 $\frac{\partial L3}{\partial \lambda_{4L}} = -1 + P_x + \omega_5 = 0$ 得到 $\omega_4 = 1$ 和 $\omega_5 = 1 - P_x$，并回代原式，根据 Lagrangian 函数关于 λ_{5H} 和 λ_{5L} 的一阶条件，可以得到政府和生产商的最优策略，如表 3-3 所示。

表 3-3 考虑供应商减排时政府和生产商最优策略

最优策略	H 型生产商	L 型生产商
e_m^{**A}	$\dfrac{\rho_1 \gamma_{mH} \lambda_3 \sigma_2^2 \eta q + \eta^3 q^3}{\eta^2 q^2 \gamma_{mH} \left(1 + \dfrac{(1-P_x)}{P_x} \left(\dfrac{\gamma_{mH}}{\gamma_{mL}} - 1 \right) \right) + \rho_1 (\sigma_1^2 + \sigma_2^2) \gamma_{mH}}$	$\dfrac{\rho_1 \gamma_{mL} \lambda_3 \sigma_2^2 \eta q + \eta^3 q^3}{\rho_1 (\sigma_1^2 + \sigma_2^2) \gamma_{mL}^2 + \eta^2 q^2 \gamma_{mL}}$
λ_5^{*A}	$\dfrac{\rho_1 \gamma_{mH} \lambda_3 \sigma_2^2 + \eta^2 q^2}{\eta^2 q^2 \left(1 + \dfrac{(1-P_x)}{P_x} \left(\dfrac{\gamma_{mH}}{\gamma_{mL}} - 1 \right) \right) + \rho_1 (\sigma_1^2 + \sigma_2^2) \gamma_{mH}}$	$\dfrac{\rho_1 \gamma_{mL} \lambda_3 \sigma_2^2 + \eta^2 q^2}{\rho_1 \gamma_{mL} (\sigma_1^2 + \sigma_2^2) + \eta^2 q^2}$
λ_4^{*A}	$\dfrac{(\lambda_3 \eta q)^2}{2\gamma_s} - \dfrac{(\lambda_{5H}^{*A} \eta q)^2}{2\gamma_{mH}} - \dfrac{\lambda_{5H}^{*A} \lambda_3 (\eta q)^2}{\gamma_s} + \dfrac{1}{2}\rho_1 \left(\lambda_{5H}^{*A2} \sigma_1^2 + (\lambda_{5H}^{*A} - \lambda_3)^2 \sigma_2^2 \right) + \dfrac{1}{2}\rho_2 \lambda_3^2 \sigma_2^2$	$\left(\dfrac{1}{2\gamma_{mL}} - \dfrac{1}{2\gamma_{mH}} \right)(\lambda_{5H}^{*A} \eta q)^2 + \dfrac{(\lambda_3 \eta q)^2}{2\gamma_s} - \dfrac{(\lambda_{5L}^{*A} \eta q)^2}{2\gamma_{mL}} - \dfrac{\lambda_{5L}^{*A} \lambda_3 (\eta q)^2}{\gamma_s} + \dfrac{1}{2}\rho_2 \lambda_3^2 \sigma_2^2 + \dfrac{1}{2}\rho_1 \left(\lambda_{5L}^{*A2} \sigma_1^2 + (\lambda_{5L}^{*A} - \lambda_3)^2 \sigma_2^2 \right)$

政府对生产商减排的激励强度对应于生产商对供应商减排的激励强度的相对

变化程度分别表示为

$$\frac{\partial \lambda_{5H}^{*A}}{\partial \lambda_3} = \frac{\rho_1 \gamma_{mH} \sigma_2^2}{\rho_1 \gamma_{mH}\left(\sigma_1^2 + \sigma_2^2\right) + \eta^2 q^2\left(1 + \frac{(1-P_x)}{P_x}\left(\frac{\gamma_{mH}}{\gamma_{mL}} - 1\right)\right)} \quad (3\text{-}69)$$

$$\frac{\partial \lambda_{5L}^{*A}}{\partial \lambda_3} = \frac{\rho_1 \gamma_{mL} \sigma_2^2}{\rho_1 \gamma_{mL}\left(\sigma_1^2 + \sigma_2^2\right) + \eta^2 q^2} \quad (3\text{-}70)$$

定理 3.7 非对称信息下，政府对生产商减排的激励强度与生产商对供应商减排的激励强度呈正相关关系。

由定理 3.7 可知，随着生产商对供应商减排的激励强度的增大，供应商更加努力减排以提供更加低碳环保的原材料，使得政府获得更多的收益，政府也会提高对生产商减排的激励强度。因此对于生产商，当考虑供应商减排时，其会更加努力减排，因为这样可以向政府获取更多的补贴以激励供应商减排，这能使得政府和生产商同时获益。

定理 3.8 非对称信息下考虑供应商减排时，H 型生产商获得保留收益，而 L 型生产商获得严格正的信息租金：

$$\text{RS}_L = \frac{1}{2}\left(\frac{\gamma_{mH} - \gamma_{mL}}{\gamma_{mL}\gamma_{mH}}\right)\left(\frac{\rho_1 \gamma_{mH} \lambda_3 \sigma_2^2 \eta q + \eta^3 q^3}{\rho_1 \gamma_{mH}\left(\sigma_1^2 + \sigma_2^2\right) + \eta^2 q^2\left(1 + \frac{(1-P_x)}{P_x}\left(\frac{\gamma_{mH}}{\gamma_{mL}} - 1\right)\right)}\right)^2$$

由定理 3.8 可知，当考虑供应商减排时，政府支付给 L 型生产商的信息租金与生产商对供应商减排的激励强度呈正相关关系，且与生产商和供应商减排收益不确定均相关。结合 e_{mH}^{**A}、e_{mL}^{**A} 及 RS_L，可以进一步得到定理 3.9。

定理 3.9

（1）当 $\rho_1 \to +\infty$ 时，政府对生产商减排的激励强度为 $\lambda_{5H}^A = \lambda_{5L}^A = \frac{\lambda_3 \sigma_2^2}{\sigma_1^2 + \sigma_2^2} < 1$，生产商最优减排量为 $e_{mH}^{**A} = \frac{\lambda_3 \sigma_2^2 \eta q}{\left(\sigma_1^2 + \sigma_2^2\right)\gamma_{mH}}$ 和 $e_{mL}^{**A} = \frac{\lambda_3 \sigma_2^2 \eta q}{\left(\sigma_1^2 + \sigma_2^2\right)\gamma_{mL}}$，此时生产商最优减排量与 λ_3 呈正相关关系，与 σ_1^2 和 σ_2^2 呈负相关关系，政府给予 L 型生产商的信息租金为 $\frac{1}{2}\left(\frac{\gamma_{mH} - \gamma_{mL}}{\gamma_{mL}\gamma_{mH}}\right)\left(\frac{\lambda_3 \sigma_2^2 \eta q}{\sigma_1^2 + \sigma_2^2}\right)^2$。

(2) 当 $\rho_1 \to 0$ 时,政府对生产商激励强度为 $\lambda_{5H}^A = \dfrac{P_x}{2P_x - 1 + (1-P_x)\gamma_{mH}/\gamma_{mL}} < 1$ 和 $\lambda_{5L}^A = 1$,生产商最优减排量为 $e_{mH}^{**A} = \dfrac{\eta q}{\gamma_{mH}\left(1 + \dfrac{(1-P_x)}{P_x}\left(\dfrac{\gamma_{mH}}{\gamma_{mL}} - 1\right)\right)}$ 和 $e_{mL}^{**A} = \dfrac{\eta q}{\gamma_{mL}}$,此时生产商最优减排量与 λ_3、σ_1^2 及 σ_2^2 均无关,政府给予 L 型生产商的信息租金为 $\dfrac{1}{2}\left(\dfrac{\gamma_{mH} - \gamma_{mL}}{\gamma_{mL}\gamma_{mH}}\right)\left(\dfrac{\eta q}{1 + \dfrac{(1-P_x)}{P_x}\left(\dfrac{\gamma_{mH}}{\gamma_{mL}} - 1\right)}\right)^2$。

(3) 当 $\rho_1 > 0$ 时,如果 $\lambda_3 \in \left(\widehat{\lambda_3}, 1\right]$,生产商减排量和 L 型生产商获得的信息租金均随着 ρ_1 增大而增大,如果 $\lambda_3 \in \left[0, \widehat{\lambda_3}\right)$,生产商减排量和 L 型生产商获得的信息租金均随着 ρ_1 的增大而减小,如果 $\lambda_3 = \widehat{\lambda_3}$,生产商减排量和 L 型生产商获得的信息租金与 ρ_1 无关。其中 $\widehat{\lambda_3} = \dfrac{\sigma_1^2 + \sigma_2^2}{\left(1 + \dfrac{(1-P_x)}{P_x}\left(\dfrac{\gamma_{mH}}{\gamma_{mL}} - 1\right)\right)\sigma_2^2}$。

由定理 3.9 可知,生产商对供应商减排的激励强度是影响生产商减排和收益的关键因素,生产商对供应商减排激励强度的选择,不仅影响其自身收益,而且会对政府期望收益造成影响,为了讨论生产商处于供应链中减排与单独减排时的差异,第五节对模型一和模型二中生产商的减排策略和收益进行比较,以便讨论分析生产商处于供应链中时的最优减排策略。

第五节 供应链减排策略和收益比较分析

模型一和模型二中,非对称信息下 H 型生产商始终获得保留收益,而 L 型生产商获得额外的信息租金,对模型一和模型二中生产商的减排策略和收益进行比较,可以得到如下相关结论。

一、减排策略比较分析

以下对模型一和模型二中生产商减排量进行比较,揭示生产商对供应商减排的激励强度对生产商减排的影响机理。

定理 3.10

(1) 针对 H 型生产商，仅存在一点 $\overline{\lambda}_3 = \dfrac{\eta^2 q^2}{\rho_1 \sigma_1^2 \gamma_{mH} + \eta^2 q^2 \left(1 + \dfrac{(1-P_x)}{P_x}\left(\dfrac{\gamma_{mH}}{\gamma_{mL}} - 1\right)\right)}$，

当 $\lambda_3 < \overline{\lambda}_3$ 时，$e_{mH}^{**A} < e_{mH}^{*A}$，当 $\lambda_3 > \overline{\lambda}_3$ 时，$e_{mH}^{**A} > e_{mH}^{*A}$，当 $\lambda_3 = \overline{\lambda}_3$ 时，$e_{mH}^{**A} = e_{mH}^{*A}$。

(2) 针对 L 型生产商，仅存在一点 $\overline{\overline{\lambda}}_3 = \dfrac{\eta^2 q^2}{\rho_1 \sigma_1^2 \gamma_{mL} + \eta^2 q^2}$，当 $\lambda_3 < \overline{\overline{\lambda}}_3$ 时，$e_{mL}^{**A} < e_{mL}^{*A}$，当 $\lambda_3 > \overline{\overline{\lambda}}_3$ 时，$e_{mL}^{**A} > e_{mL}^{*A}$，当 $\lambda_3 = \overline{\overline{\lambda}}_3$ 时，$e_{mL}^{**A} = e_{mL}^{*A}$，且 $\overline{\lambda}_3 < \overline{\overline{\lambda}}_3$。

证明 针对 H 型生产商，非对称信息下模型一中生产商最优减排量为

$$e_{mH}^{*A} = \dfrac{\eta^2 q^2}{\rho_1 \sigma_1^2 \gamma_{mH} + \eta^2 q^2 \left(1 + \dfrac{(1-P_x)}{P_x}\left(\dfrac{\gamma_{mH}}{\gamma_{mL}} - 1\right)\right)} \dfrac{\eta q}{\gamma_{mH}}$$

模型二中，当 $\lambda_3 = 0$ 时，生产商最优减排量为

$$\left.e_{mH}^{**A}\right|_{\lambda_3=0} = \dfrac{\eta^2 q^2}{\rho_1 (\sigma_1^2 + \sigma_2^2) \gamma_{mH} + \eta^2 q^2 \left(1 + \dfrac{(1-P_x)}{P_x}\left(\dfrac{\gamma_{mH}}{\gamma_{mL}} - 1\right)\right)} \dfrac{\eta q}{\gamma_{mH}}$$

当 $\lambda_3 = 1$，生产商最优减排量为

$$\left.e_{mH}^{**A}\right|_{\lambda_3=1} = \dfrac{\rho_1 \gamma_{mH} \sigma_2^2 + \eta^2 q^2}{\rho_1 (\sigma_1^2 + \sigma_2^2) \gamma_{mH} + \eta^2 q^2 \left(1 + \dfrac{(1-P_x)}{P_x}\left(\dfrac{\gamma_{mH}}{\gamma_{mL}} - 1\right)\right)} \dfrac{\eta q}{\gamma_{mH}}$$

可以得到 $\left.e_{mH}^{**A}\right|_{\lambda_3=0} < e_{mH}^{*A} < \left.e_{mH}^{**A}\right|_{\lambda_3=1}$，并且 e_{mH}^{**A} 是关于 λ_3 的单调增函数，因此进一步得到在 $[0,1]$ 区间上存在一点 $\overline{\lambda}_3$，使得 $e_{mH}^{*A} = \left.e_{mH}^{**A}\right|_{\lambda_3=\overline{\lambda}_3}$，令 $e_{mH}^{**A} = e_{mH}^{*A}$，可以得到 $\overline{\lambda}_3$，同理可以得到 $\overline{\overline{\lambda}}_3$，并且可以证明 $\overline{\lambda}_3 < \overline{\overline{\lambda}}_3$。证毕。

根据定理 3.10，无论何种类型的生产商，均可以通过对供应商的减排激励提高自身减排量，进一步使得生产商自身和政府获得更高的收益。

二、收益比较分析

H 型生产商仅获得保留收益,而 L 型生产商获得除保留收益外的信息租金,根据模型假设,保留收益始终为 0,因此本节对生产商获得的信息租金进行比较分析,进一步得出生产商对供应商减排的激励强度的最优分布区间。

定理 3.11 仅存在一点 $\overline{\overline{\lambda_3}} \in [0,1]$,当 $\lambda_3 < \overline{\overline{\lambda_3}}$ 时,$RS_L < R_L$,当 $\lambda_3 > \overline{\overline{\lambda_3}}$ 时,$RS_L > R_L$,当 $\lambda_3 = \overline{\overline{\lambda_3}}$,$RS_L = R_L$。

证明 证明方法同定理 3.10,并由 $RS_L = R_L$ 可以得到这点即为 $\overline{\overline{\lambda_3}}$。证毕。

由于 H 型生产商始终获得保留收益,而 L 型生产商会获得除保留收益外的额外收益,因此定理 3.11 给出了如何让模型二中 L 型生产商获得的收益大于模型一中收益的条件。

综合定理 3.10 和定理 3.11,可以将生产商对供应商减排的激励强度 λ_3 的分布区间分为 $[0, \overline{\lambda_3})$、$\overline{\lambda_3}$、$(\overline{\lambda_3}, \overline{\overline{\lambda_3}})$、$\overline{\overline{\lambda_3}}$ 及 $(\overline{\overline{\lambda_3}}, 1]$,进一步作如下总结。

(1) 当 $\lambda_3 \in [0, \overline{\lambda_3})$ 时,$e_{mH}^{**A} < e_{mH}^{*A}, e_{mL}^{**A} < e_{mL}^{*A}, RS_L < R_L$。

(2) 当 $\lambda_3 = \overline{\lambda_3}$ 时,$e_{mH}^{**A} = e_{mH}^{*A}, e_{mL}^{**A} < e_{mL}^{*A}, RS_L = R_L$。

(3) 当 $\lambda_3 \in (\overline{\lambda_3}, \overline{\overline{\lambda_3}})$ 时,$e_{mH}^{**A} > e_{mH}^{*A}, e_{mL}^{**A} < e_{mL}^{*A}, RS_L > R_L$。

(4) 当 $\lambda_3 = \overline{\overline{\lambda_3}}$ 时,$e_{mH}^{**A} > e_{mH}^{*A}, e_{mL}^{**A} = e_{mL}^{*A}, RS_L > R_L$。

(5) 当 $\lambda_3 \in (\overline{\overline{\lambda_3}}, 1]$ 时,$e_{mH}^{**A} > e_{mH}^{*A}, e_{mL}^{**A} > e_{mL}^{*A}, RS_L > R_L$。

可以看到,当生产商对供应商减排的激励强度 $\lambda_3 \in \left[\overline{\overline{\lambda_3}}, 1\right]$ 时,无论针对 H 型还是 L 型生产商,模型二中的生产商减排量均大于模型一中的值,而模型二中的 L 型生产商获得的收益也会大于模型一中的收益。

第六节 数值算例

以上对政府驱动下供应链中生产商减排策略进行了分析,可知生产商减排量和生产商对供应商减排的激励强度是影响生产商和政府决策的关键因素。参照生产商在政府驱动下实际减排决策中各参数的大小关系,设定生产商和供应商单位产品初始碳排放分别为 $x_m = 320$ 和 $x_s = 120$,减排收益系数为 $\eta = 1$,H 型生产商概率为 $P_x = 0.4$,产品产量为 $q = 100$,H 型生产商减排成本系数为 $\gamma_{mH} = 600$,L 型生产商减排成本系数为 $\gamma_{mL} = 500$,供应商减排成本系数为 $\gamma_s = 80$,供应商风险规避系数为 $\rho_2 = 100$,生产商减排收益不确定的方差为 $\sigma_1^2 = 1$,供应商减排收益

不确定的方差为 $\sigma_2^2 = 9$，令生产商风险规避系数取值范围为 $\rho_1 \in [0,1000]$，在该区间内分析生产商减排策略的变化，利用 MATLAB R2012a 软件编程进行如下数值计算。

一、最优减排量分析

图 3-3 表示模型一中非对称信息与对称信息下不同类型生产商最优减排量，可知对称信息下生产商最优减排量与生产商风险规避系数无关，而非对称信息下生产商最优减排量随着风险规避系数的增加而减小。图 3-4 对生产商对供应商激

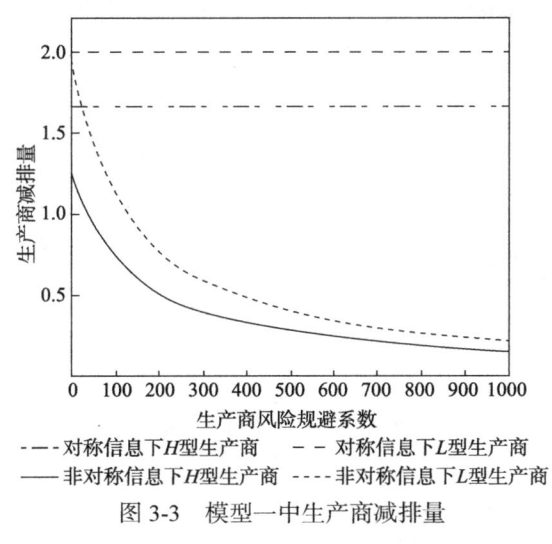

图 3-3　模型一中生产商减排量

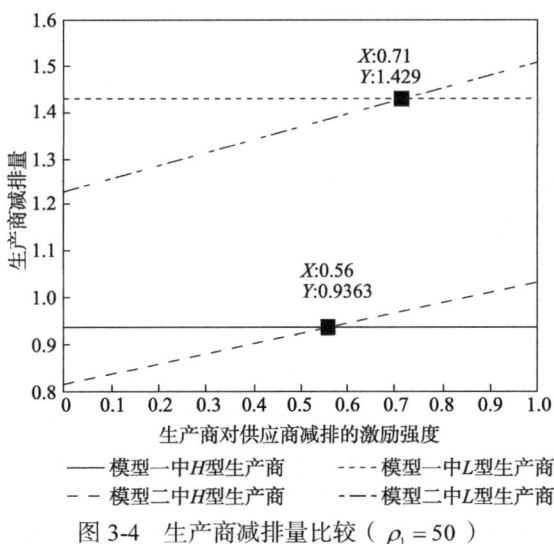

图 3-4　生产商减排量比较（ $\rho_1 = 50$ ）

励下其最优减排量的变化进行了分析，可知模型一与模型二中生产商最优减排量均存在交点，并当 $\lambda_3 \in [0.71,1]$ 时，模型二中 H 型和 L 型生产商均能有效减排。

二、生产商对供应商减排的激励强度与收益分析

首先，对模型一中政府期望收益和生产商收益进行分析。由图 3-5 可知，对称信息下政府激励 H 型生产商所得到的收益小于激励 L 型生产商所得到的收益，并且与生产商风险规避系数无关，非对称信息下政府期望收益小于对称信息下收益，并且随着生产商风险规避系数的增加而逐渐减小，这主要是由于非对称信息下政府承担风险的成本随之增大。图 3-6 表示生产商风险规避系数与生产商收益

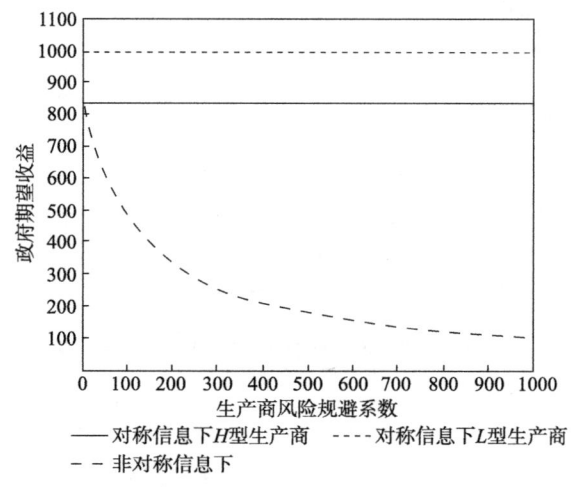

图 3-5　生产商风险规避系数对政府期望收益的影响

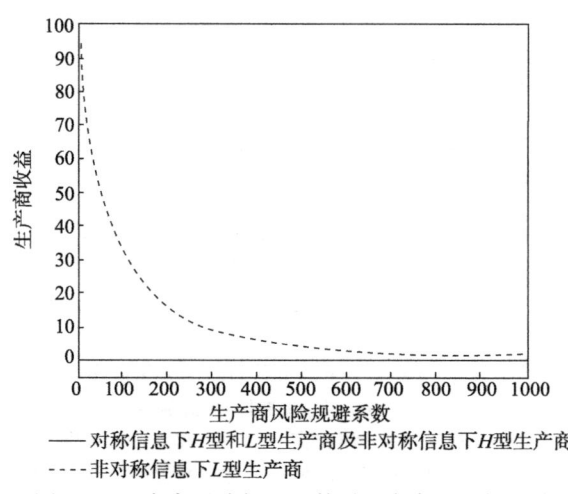

图 3-6　生产商风险规避系数对生产商收益的影响

之间的关系，可知对称信息下 H 型和 L 型生产商及非对称信息下 H 型生产商均获得保留收益，与生产商风险规避系数无关，而非对称信息下 L 型生产商获得严格正的收益，这部分收益表示 L 型生产商获得的信息租金。随着生产商风险规避系数的增大，政府期望收益减小，因此政府支付给生产商的信息租金逐渐减小，并且向保留收益靠近。

其次，对模型二中政府期望收益和生产商收益进行分析。图 3-7 表示生产商对供应商减排的激励强度与政府期望收益之间的关系，可知政府期望收益是关于 λ_3 的凸函数，政府期望收益存在极大点（λ_3=0.36），但是如果生产商对供应商减排的激励强度过大（λ_3>0.76），政府甚至会获得负的收益，这是由于生产商对供应商的过度激励使得政府期望收益损失过度。由于 H 型生产商始终获得保留收益，结合图 3-8 对 λ_3 与 L 型生产商收益之间的关系进行分析，模型一中，生产

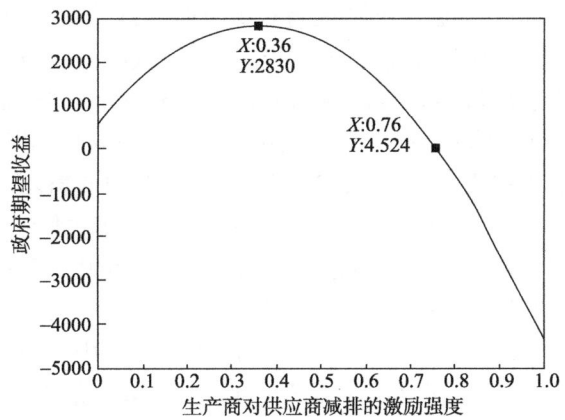

图 3-7　生产商对供应商减排的激励强度对政府期望收益的影响（$\rho_1 = 50$）

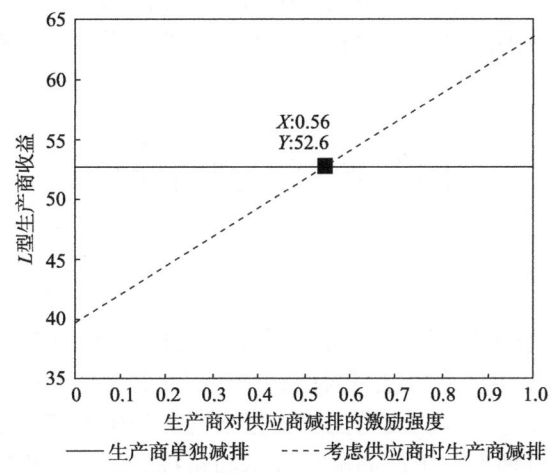

图 3-8　生产商对供应商减排的激励强度对生产商收益的影响（$\rho_1 = 50$）

商收益与 λ_3 无关,模型二中,随着 λ_3 的增大,L 型生产商收益逐渐增大,当 $\lambda_3>0.56$ 时模型二中的收益大于模型一中的收益。进一步,结合图 3-4 可以得到,当 $\lambda_3 \in [0.71,1]$ 时,无论针对哪种类型生产商,均有利于其减排和收益的优化。

基于以上模型一和模型二中政府期望收益和生产商收益的分析,进一步对使得政府期望收益和生产商收益优化的激励强度区间进行讨论。在图 3-7 中,存在一点 $\overline{\lambda_3}=0.36$ 使得政府期望收益达到最大,且此时收益大于模型一中的政府期望收益,但是这点并不一定有利于生产商。根据定理 3.10 和定理 3.11,只有当 $\lambda_3 \in [\overline{\overline{\lambda_3}},1]$ 时,政府期望收益能够达到最优,并且生产商收益也能够大于不考虑供应商减排时收益,但是如果 λ_3 没有在 $[\overline{\overline{\lambda_3}},1]$ 区间内,根据对生产商最优减排量的分析,可知 $\overline{\overline{\lambda_3}}=0.71>0.36$,就需要进一步讨论使得政府期望收益能够增加的激励强度区间。对于生产商,其通过不断提高对供应商减排的激励强度提高自身收益,但这是以政府期望收益损失为代价的,甚至会导致政府的收益为负;对于政府,生产商对供应商的激励带给自身的收益不能小于仅生产商减排时的收益。由式(3-33)可得,非对称信息下,当 $\rho_1=50$,模型一中的政府期望收益为 615.84,结合图 3-7 图形走势和式(3-61),当模型二中的政府收益不小于模型一中政府收益时,$\lambda_3 \in [0,0.71]$,在该区间内,生产商激励供应商减排有利于政府期望收益的优化,将其与生产商减排的激励强度区间 $[0.71,1]$ 取交集,可以得到最终有利于政府和生产商激励强度为 0.71。

通过以上分析可知,在政府激励生产商减排的过程中,由于政府与生产商各自的目标通常不一致,可能存在生产商给供应商过多激励而造成政府期望收益受损的行为,此时生产商对供应商的减排激励对于政府来说便失去意义,因此政府与生产商需要协商一个有效的激励强度区间,在该区间内,既可以使得政府期望收益至少与生产商单独减排时收益相等,而且能够使得生产商有鼓励供应商减排的积极性。

第七节 结论和启示

一、主要研究结论

(1)非对称信息下生产商减排量始终小于对称信息下的值。

(2)模型一研究生产商单独减排时的策略,此时生产商减排量是影响生产商和政府期望收益的关键因素。政府需要根据不同类型生产商制定激励契约,对称信息下,政府清楚每种类型生产商减排成本和减排量信息,生产商减排量由政府主导,并且每种类型生产商均获得保留收益,但是非对称信息下,生产商减排量受市场风险影响,市场风险越大,减排量越小,此时 H 型生产商仅能够获得保留收益,而 L 型生产商将会获得额外的收益。政府向 L 型生产商支付信息租金的意义在于确保 L 型生产商没有谎报自身类型的积极性及不同类型的生产商能够选择相应的激励契约,每种类型生产商都能够尽自己最大努力进行减排。

(3)模型二研究生产商处于供应链中时的减排策略,生产商减排量和生产商对供应商减排的激励强度是影响生产商收益和政府期望收益的关键因素。当生产商对供应商减排的激励强度处于使得模型二中 L 型生产商减排量大于模型一中 L 型生产商减排量的区间内时,生产商才能更加努力地减排。无论是政府还是生产商,其收益至少应该等于生产商单独减排时的收益,否则政府没有积极性提供给生产商更多的减排激励,而生产商也没有积极性激励供应商减排。政府期望收益随着生产商对供应商减排的激励强度的增加呈现先增加后减小的趋势,存在极大点,但是这点对于生产商并不一定是最优点。L 型生产商收益随着对供应商减排的激励强度的增大而增大,H 型生产商收益始终为保留收益。因此,生产商对供应商进行激励固然能够增加其收益,但是过度激励反而会减小政府期望收益,可见,生产商不断激励供应商减排这种情况对于政府未必是件好事,因此政府需要与生产商进行协商,使得生产商对供应商减排的激励强度分布在对于政府和生产商均有利的区间内。

由以上结论可知,只有当生产商对供应商减排的激励强度分布在使得政府期望收益至少与生产商单独减排时相等的区间内时,生产商才能获得政府更多的激励。

二、管理启示

供应链上下游企业的减排活动可以按照以下两个阶段开展。

(1)第一阶段:生产商单独减排阶段。由于减排技术处于发展阶段,尚不成熟,存在一定的市场风险,此时政府补贴较少,生产商在政府的补贴激励下可以投入较少的减排研发费用,对减排技术进行初步探索。由于政府并不能观测到生产商减排能力类型,如果生产商减排能力较强,其可以通过向政府索取额外的信息租金来提高自身收益,如果生产商减排能力较弱,则无法向政府索取多余的费用。

(2)第二阶段:生产商联合供应商减排阶段。随着减排技术的市场推广,生产商减排技术发展成熟,此时生产商可以委托上游供应商加大对原材料生产减排技术的研发,实现产品从供应到生产的低碳化。由于生产商有效促进了整个供应链减排,因此生产商可以向政府索取更多的补贴用于其对自身减排技术的激励及对供应商原材料减排技术的激励。如果生产商自身减排能力较弱，则与第一阶段一样，仍只能获得保留收益，但是如果生产商减排能力较强，则应该选择合适的供应商减排激励强度以使得自身获得的收益大于第一阶段时的收益。

以上管理启示对新能源汽车企业的发展也具有一定的指导意义。当前，除比亚迪股份有限公司、北京汽车集团有限公司等一批规模较大、技术较为成熟的汽车企业在新能源汽车开发方面具有较为清晰的发展路径外，仍然有一大批中小型新能源汽车企业存在发展路径不清晰、盲目模仿等问题，并且完全依靠政府补贴生存。中小型汽车企业在新能源汽车的发展方面，仍然可以按照以上两个阶段进行清洁生产技术的研发和推广，在第一阶段中，汽车企业在政府的补贴下进行清洁生产技术的研发，此时政府补贴和清洁生产技术投入规模均较小，汽车企业仅自身参与到清洁生产中；在第二阶段中，汽车企业委托上游原材料供应商（如动力电池材料供应商）参与到清洁生产的行动中，此时新能源汽车更加低碳环保，并且汽车企业可以向政府索要更多的补贴作为汽车企业实现整个供应链的清洁化生产的奖励。此外，政府为了防止汽车企业骗补事件的发生，可以向清洁生产能力高的汽车企业支付多余的费用（信息租金）防止其偷懒投机行为的发生。

第八节　本 章 小 结

政府通常首先介入到企业减排行动中，本章结合"新能源汽车骗补"事件及相关文献研究，分别将生产商和供应商作为供应链中核心和非核心企业，提出研究问题：针对生产商减排量和减排成本信息私有造成的信息不对称问题，供应链中核心生产商在政府激励契约下如何联合供应商实施减排策略。综合考虑生产商隐匿减排成本造成的逆向选择问题和隐匿减排量造成的道德风险问题，运用委托-代理理论，设计政府激励契约，分别构建政府与生产商之间的单层委托-代理模型及考虑供应商时的双层委托-代理模型，并对两种模型下生产商减排策略和收益情况进行比较，进一步为处于供应链中的生产商如何实施减排策略提供最优决策方案。通过研究，本章对处于供应链中的生产商在减排初期的产品研发路径给予了相应的管理启示，同时将政府与生产商之间的委托-代理关系拓展到了供应链层面，为供应链减排中的双层委托-代理问题提供了理论依据。

第四章　消费者甄别契约下供应链减排协调策略研究

第三章从非对称信息视角研究了政府激励下供应链的减排策略,政府激励通常在企业减排初期发挥重要引导作用,随着企业减排自主性的提高和减排技术的成熟,政府激励将逐渐减小或取消,企业持续减排的动力主要来自消费者对低碳产品的需求。例如,根据《2016 中国新能源车消费者白皮书》,从消费者购买新能源汽车的动机来分析,42%的消费者是出于废气排放少等环境因素,仅有三成消费者是出于政府补贴因素,随着政府补贴政策的逐渐退坡,消费者对新能源汽车发展的推动作用逐渐显现。第四章模型中引入了产量参数,产量是由消费者需求决定的,当供求达到平衡状态时,消费者需求与产量相同。本章基于驱动企业减排的另一个要素——消费者,从非对称信息视角研究消费者驱动下供应链的减排策略。

第一节　消费者需求与偏好

以新能源汽车为例,随着消费者对新能源汽车需求的增加,其销量从 2011 年的 0.837 万辆增长到 2016 年的 50.7 万辆再到 2017 年的 77.7 万辆,消费者对新能源汽车需求的快速增长带动了充电桩的爆发式发展。根据中国电动汽车充电基础设施促进联盟调查结果,截至 2017 年 9 月,我国公共充电桩实际使用效率只有 10%,在充电基础设施的建设过程中,各大运营商大多依托自身资源布局充电网络,存在一定的投机心理,并未进行充分的市场调研获取消费者需求信息,对消费者拥有新能源汽车类型信息掌握不够全面,许多固定功率充电设施无法满足车主差异化的充电需求。根据《2020—2021 年度中国充电基础设施发展报告》,截至 2020 年 12 月底,公共充电桩保有数量为 79.8 万个,私人充电桩数量为 87.4 万个,私人充电桩数量高于公共充电桩数量,但对于消费者来说,便捷的公共充电桩网络对于出行至关重要。目前公共充电桩市场占比仍然较小,充电桩类型并没有充分满足消费者的需求,这进一步影响到了充电桩的使用效率。消费者对低碳产品的需求能够有效促进企业减排,但是单一或者固定类型的产品并不能满足消费者差异化的需求,企业只有在充分考虑消费者需求信息的情况下才能真正实现产品的低碳化发展。

为了有效获取消费者需求信息，首先，企业需要了解消费者可能存在的类型，Chen（2001）和Nouira等（2016）将市场中消费者对产品的偏好程度分为了绿色偏好和非绿色偏好，绿色偏好是指消费者对绿色环保产品较为敏感，而非绿色偏好是指消费者对绿色环保产品不敏感。Roy等（2005）则将消费者对低碳产品的采纳程度分为了潜在采纳、不采纳、完全采纳及拒绝采纳四种情况，潜在采纳是指消费者正在认真考虑是否购买或者采纳低碳产品，不采纳是指消费者经过认真考虑是否采纳低碳产品之后，最终还是决定拒绝采纳，完全采纳是指消费者已经购买或者获得并持续使用低碳产品，拒绝采纳是指消费者已经购买或获得低碳产品，但随后决定停止使用。其次，需要解决信息不对称问题，Karlan和Zinman（2009）认为企业制定合理的契约可以有效解决消费者隐匿自身信息造成的信息不对称问题，这种契约通常是通过构建企业与消费者之间的委托-代理模型来实现的（李善良等，2005；赵道致等，2014）。Schmit等（2013）认为合理的减排契约不仅可以区分市场中消费者类型，同时能够有效提高消费者对低碳产品的支付意愿。例如，在美国消费者人群当中，51%的消费者会为低碳产品支付高价（Bemporad and Baranowski，2007），在欧洲消费者人群中，2005年31%消费者愿意购买价格更高的绿色产品，而2008年这一比例上升至75%（Brécard et al.，2009）。根据以上思路，可以将市场中消费者的低碳偏好程度分为低和高两种类型，非对称信息下，消费者究竟能够接受多大程度的产品溢价，这就需要企业制定的契约在甄别消费者类型的同时，能够获取每种类型消费者的最大产品溢价信息，进一步提高自身收益。

在供应链中，消费者对低碳产品的需求不仅会促进核心企业减排，同时会促进非核心企业减排。因此，供应链核心企业不仅需要制定合适的契约以应对消费者低碳偏好信息不对称，同时需要解决与非核心企业之间的协调问题。本章在解决消费者与企业之间信息不对称问题、明确消费者对产品溢价的接受程度基础上，分析信息不对称对供应链协调策略的影响机理。

第二节　甄别契约模型描述与假设

一、模型描述

构建包含生产商、供应商和消费者在内的决策体系，生产商和供应商均在消费者需求下进行减排生产。由于消费者低碳偏好属于私有信息，远离市场的生产商并不清楚，根据前文分析，假设消费者存在两种低碳偏好类型 k_L（L 型消费者）和 k_H（H 型消费者）的可能，且 $k_L < k_H$，k_L 的概率为 P_m，则 k_H 的概率为 $1-P_m$。为了解决消费者隐匿自身偏好信息导致的逆向选择问题，本章构建生产商与消费

者之间的委托-代理模型以甄别消费者低碳偏好信息,使得不同类型消费者能够选择相应的契约,如图 4-1 所示。研究消费者偏好信息不对称下供应链如何实施减排策略,首先构建生产商单独减排模型,此时仅包含生产商与消费者之间的委托-代理模型,其次构建考虑供应商时的生产商减排模型,此时包含生产商与消费者之间的委托-代理模型及生产商与供应商之间的协调模型。通过以上两个模型,研究消费者偏好信息不对称下甄别契约设计和供应链减排策略。

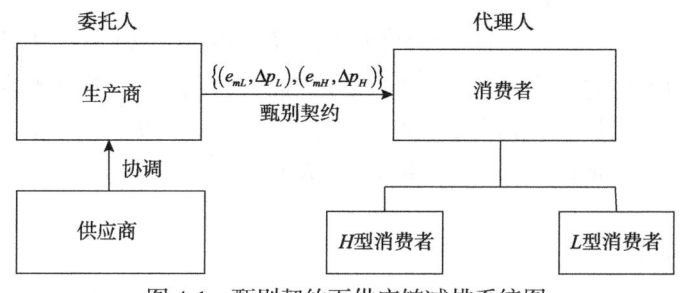

图 4-1 甄别契约下供应链减排系统图

二、模型假设

(1) 假设生产商和供应商均是风险中性的理性人。

(2) 假设市场容量为 $N=1$。

(3) 由于集中决策是一种理想状态,较难实现,本章主要对分散和协调两种决策方式进行研究。

(4) 假设 p 为生产商未实施溢价时的产品价格,与消费者类型无关,为常数。

(5) 减排成本。假设减排成本 $C_i(e_i)$ 随减排量 $e_i \in [0, x_i)$ 的增加而递增地增加,即 $C_i'(e_i) > 0$,$C_i''(e_i) > 0$,根据 D'Aspremont 和 Jacquemin(1988)及游达明和朱桂菊(2014)对减排成本的处理方法,设定减排成本为 $C_i(e_i) = \frac{1}{2}\gamma_i e_i^2$,其中 $i=m,s$,下标 m 和 s 分别表示生产商和供应商。

(6) 消费者保留效用。根据 Ma 等(2018)及 Cai 和 Singham(2018)关于委托-代理模型的假设,将消费者保留效用标准化为 0。

(7) 需求函数。根据 Huang 和 Li(2001)及 He 等(2015a)的假设,剔除产品价格对需求的影响,根据 Rao 和 Holt(2005)、Achtnicht(2012)、Nouira 等(2016),以及赵道致等(2016)对需求函数的设计,本章假设消费者仅对低碳产品敏感,因此假设需求函数是关于减排量的线性增函数,即减排量越大,需求越高。由于生产商和供应商均减排,因此,当生产商单独减排时需求函数为 $D(e_m) = a + ke_m$,当生产商处于供应链中减排时需求函数为 $D(e_s, e_m) = a +$

$k(e_s + e_m)$，a 表示基本需求量，为常数，k 表示消费者对减排量的偏好水平，代表消费者类型，偏好水平越高，消费者的支付意愿越高。

第三节　模型一：甄别契约下不考虑供应商时生产商减排模型

假设生产商减排量为 $e_{mi}(i=L,H)$ 时对产品的溢价为 Δp_i，由于消费者对减排量为 e_{mi} 产品的支付意愿为 $k_i e_{mi}$，根据 Choudhary 等（2005）对消费者效用函数的定义，生产商减排带给消费者的效用表示为 $k_i e_{mi} - \Delta p_i$。以下分别从对称信息和非对称信息两种情况对生产商的减排策略进行研究。

一、对称信息模型

对称信息下，生产商知道市场消费者类型，生产商能够针对每种类型消费者制定相应的减排契约，此时不需要激励相容约束条件，生产商向消费者提供单一的减排契约 $(e_{mi}, \Delta p_i)(i=L,H)$，因此产品最终价格表示为 $p+\Delta p_i$，生产商收益优化问题表示为

$$\max_{(e_{mi}, \Delta p_i)} \pi_{mi} = (p + \Delta p_i - f - v)(a + k_i e_{mi}) - \frac{1}{2}\gamma_m e_{mi}^2 \qquad (4\text{-}1)$$

$$\text{s.t.} \quad k_i e_{mi} - \Delta p_i \geq 0 \qquad (4\text{-}2)$$

其中，式（4-1）为目标函数，式（4-2）表示消费者参与约束条件，即生产商减排带给消费者的效用应该至少等于消费者的保留效用，取参与约束条件为等号并回代目标函数，以上优化问题重新表示为

$$\max_{e_{mi}} \pi_{mi} = (p + k_i e_{mi} - f - v)(a + k_i e_{mi}) - \frac{1}{2}\gamma_m e_{mi}^2 \qquad (4\text{-}3)$$

根据 $\dfrac{\partial^2 \pi_{mi}}{\partial e_{mi}^2} < 0$ 及 $\dfrac{\partial \pi_{mi}}{\partial e_{mi}} = 0$ 得到，当满足条件 $\gamma_m - 2k_i^2 > 0$ 时，生产商最优减排契约如表 4-1 所示。

表 4-1　对称信息下生产商最优减排契约

最优策略	L 型消费者	H 型消费者
e_m^{*S}	$\dfrac{(a+p-f-v)k_L}{\gamma_m - 2k_L^2}$	$\dfrac{(a+p-f-v)k_H}{\gamma_m - 2k_H^2}$

续表

最优策略	L 型消费者	H 型消费者
Δp^{*S}	$\dfrac{(a+p-f-v)k_L^2}{\gamma_m - 2k_L^2}$	$\dfrac{(a+p-f-v)k_H^2}{\gamma_m - 2k_H^2}$

注：上标 S 表示对称信息

根据表 4-1 可以得到定理 4.1。

定理 4.1 对称信息下，当满足条件 $\gamma_m - 2k_i^2 > 0$ 时，$e_{mL}^{*S} < e_{mH}^{*S}$，$\Delta p_L^{*S} < \Delta p_H^{*S}$。

证明 由表 4-1 中值比较易得。

由定理 4.1 可知，对称信息下，由于 H 型消费者对高减排量的产品更加敏感，因此生产商对高减排量下产品的溢价大于低减排量下的溢价，生产商分别以不同的产品溢价使得消费者只剩下保留效用。

二、非对称信息模型

如图 4-2 所示，非对称信息下，如果生产商仍然实施对称信息下的减排契约 (A^*, B^*)，就会造成两类不同的消费者都偏向于 B^*，即 H 型消费者有模仿 L 型消费者的积极性（即对低碳产品支付意愿高的消费者通常不愿意承认自己愿意以更高的价格购买低碳程度更高的产品），此时对称信息下的最优契约 (A^*, B^*) 将无法实施，可以构建非对称信息下的契约 (B^*, C^*)，此时 H 型消费者获得的效用增加了，增加的部分表示生产商支付给 H 型消费者的信息租金，以确保 H 型消费者不存在模仿 L 型消费者的积极性。因此非对称信息下，生产商提供给消费者一组减排契约 $\{(e_{mL}, \Delta p_L), (e_{mH}, \Delta p_H)\}$，旨在 L 型消费者选择 $(e_{mL}, \Delta p_L)$，H 型消费者选择 $(e_{mH}, \Delta p_H)$。

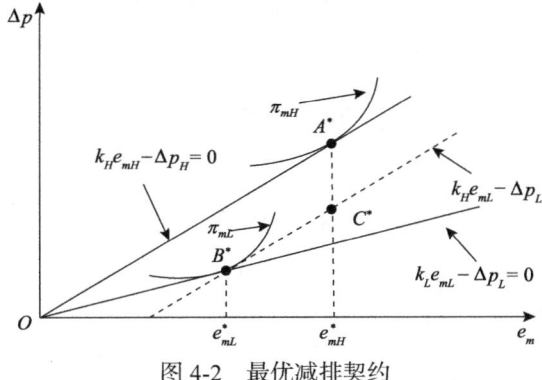

图 4-2 最优减排契约

根据以上分析，此时生产商收益优化问题表示为

$$\max_{\{(e_{mL},\Delta p_L),(e_{mH},\Delta p_H)\}} \pi_m = P_m\left((p+\Delta p_L - f - v)(a + k_L e_{mL}) - \frac{1}{2}\gamma_m e_{mL}^2\right)$$
$$+ (1-P_m)\left((p+\Delta p_H - f - v)(a + k_H e_{mH}) - \frac{1}{2}\gamma_m e_{mH}^2\right)$$

(4-4)

s.t.

$$k_L e_{mL} - \Delta p_L \geqslant 0 \tag{4-5}$$

$$k_H e_{mH} - \Delta p_H \geqslant 0 \tag{4-6}$$

$$k_L e_{mL} - \Delta p_L \geqslant k_L e_{mH} - \Delta p_H \tag{4-7}$$

$$k_H e_{mH} - \Delta p_H \geqslant k_H e_{mL} - \Delta p_L \tag{4-8}$$

其中，式（4-4）为目标函数，式（4-5）和式（4-6）表示不同类型消费者的参与约束条件，式（4-7）和式（4-8）表示不同类型消费者的激励相容约束条件，易知 H 型消费者有模仿 L 型消费者的积极性，因此分别取式（4-5）和式（4-8）为等号，可以得到

$$\Delta p_L = k_L e_{mL} \tag{4-9}$$

$$\Delta p_H = k_H e_{mH} - (k_H - k_L) e_{mL} \tag{4-10}$$

将式（4-9）和式（4-10）回代目标函数可以得到

$$\max_{\{(e_{mL},\Delta p_L),(e_{mH},\Delta p_H)\}} \pi_m = P_m\left((p + k_L e_{mL} - f - v)(a + k_L e_{mL}) - \frac{1}{2}\gamma_m e_{mL}^2\right) \tag{4-11}$$
$$+ (1-P_m)\left((p + k_H e_{mH} - f - v)(a + k_H e_{mH}) - \frac{1}{2}\gamma_m e_{mH}^2\right)$$
$$- (1-P_m)(k_H - k_L) e_{mL}(a + k_H e_{mH})$$

可以得到关于生产商收益 π_m 的海塞矩阵为

$$\text{Hessian} = \begin{bmatrix} \dfrac{\partial^2 \pi_m}{\partial e_{mL}^2} & \dfrac{\partial^2 \pi_m}{\partial e_{mL} \partial e_{mH}} \\ \dfrac{\partial^2 \pi_m}{\partial e_{mH} \partial e_{mL}} & \dfrac{\partial^2 \pi_m}{\partial e_{mH}^2} \end{bmatrix} = \begin{bmatrix} P_m(2k_L^2 - \gamma_m) & (P_m - 1)k_H(k_H - k_L) \\ (P_m - 1)k_H(k_H - k_L) & (1-P_m)(2k_H^2 - \gamma_m) \end{bmatrix}$$

当各参数满足条件 $(1-P_m)(k_H(k_H - k_L))^2 - P_m(\gamma_m - 2k_L^2)(\gamma_m - 2k_H^2) < 0$ 且

$(2k_L^2 - \gamma_m) < 0$ 时,π_m 关于 e_{mL} 和 e_{mH} 存在极大值,由 $\frac{\partial \pi_m}{\partial e_{mL}} = 0$ 和 $\frac{\partial \pi_m}{\partial e_{mH}} = 0$ 得到

$$\frac{A_{3LH} - e_{mH}(1-P_m)A_{2LH}}{P_m A_{4L}} - e_{mL} = 0 \tag{4-12}$$

$$\frac{A_{3HH} - e_{mL} A_{2LH}}{A_{4H}} - e_{mH} = 0 \tag{4-13}$$

其中,$A_{2LH} = k_H(k_H - k_L)$,$A_{3LH} = k_H a(P_m - 1) + k_L(a + P_m p - P_m f - P_m v)$,$A_{3HH} = k_H(a + p - f - v)$,$A_{4L} = \gamma_m - 2k_L^2$,$A_{4H} = \gamma_m - 2k_H^2$,联立式(4-12)和式(4-13),可以得到非对称信息下生产商最优减排契约如表 4-2 所示。

表 4-2 非对称信息下生产商最优减排契约

最优策略	L 型消费者	H 型消费者
e_m^{*A}	$\dfrac{(1-P_m)A_{3HH}A_{2LH} - A_{4L}A_{3LH}}{(1-P_m)A_{2LH}^2 - P_m A_{4L} A_{4H}}$	$\dfrac{A_{3LH}A_{2LH} - P_m A_{4L} A_{3HH}}{(1-P_m)A_{2LH}^2 - P_m A_{4L} A_{4H}}$
Δp^{*A}	$k_L e_{mL}^{*A}$	$k_L e_{mL}^{*A} + k_H (e_{mH}^{*A} - e_{mL}^{*A})$

注:其中上标 A 表示非对称信息。

定理 4.2 非对称信息下,$e_{mL}^{*A} < e_{mH}^{*A}$,$\Delta p_L^{*A} < \Delta p_H^{*A}$。

证明 非对称信息下 H 型和 L 型消费者对应的生产商最优减排量之差为

$$e_{mH}^{*A} - e_{mL}^{*A} =$$
$$\frac{\begin{array}{l}((P_m-1)ak_H + k_L(a+P_m p - P_m f - P_m v))k_H(k_H - k_L) - P_m(\gamma_m - 2k_L^2)(a+p-f-v)k_H \\ -(1-P_m)(a+p-f-v)k_H^2(k_H - k_L) + (\gamma_m - 2k_L^2)((P_m - 1)ak_H \\ +k_L(a+P_m p - P_m f - P_m v))\end{array}}{(1-P_m)(k_H - k_L)^2 k_H^2 - P_m(\gamma_m - 2k_L^2)(\gamma_m - 2k_L^2)}$$

由于

$$(((P_m - 1)ak_H + k_L(a+P_m p - P_m f - P_m v)) - (1-P_m)(a+p-f-v)k_H)k_H(k_H - k_L) < 0$$

$$(\gamma_m - 2k_L^2)((P_m - 1)ak_H + k_L(a+P_m p - P_m f - P_m v)) - P_m(\gamma_m - 2k_L^2)(a+p-f-v)k_H < 0$$

$$(1-P_m)(k_H(k_H - k_L))^2 - P_m(\gamma_m - 2k_L^2)(\gamma_m - 2k_H^2) < 0$$

因此可以得到 $e_{mL}^{*A} < e_{mH}^{*A}$,结合表 4-2 中的值可以推出 $\Delta p_L^{*A} < \Delta p_H^{*A}$。证毕。

定理 4.2 无论信息对称与否,生产商针对 H 型消费者更加努力地减排,同时相应提高了产品溢价。

定理 4.3 非对称信息下，生产商减排使 L 型消费者仅获得保留效用，H 型消费者获得额外正的效用 $(k_H - k_L)e_{mL}^{*A}$。

证明 生产商减排带给 L 型消费者的效用为 $k_L e_{mL}^{*A} - \Delta p_L^{*A} = 0$，根据图 4-2 可知 H 型消费者存在模仿 L 型消费者的积极性，因此 H 型消费者获得的效用表示为

$$k_H e_{mL}^{*A} - \Delta p_L^{*A} = k_L e_{mL}^{*A} - \Delta p_L + (k_H - k_L)e_{mL}^{*A} = (k_H - k_L)e_{mL}^{*A} > 0$$

证毕。

定理 4.3 中 H 型消费者获得的额外正的效用实际上是生产商多支付给 H 型消费者的信息租金，这部分信息租金也代表 H 型消费者不模仿 L 型消费者时生产商必须支付的费用，如果没有这部分信息租金的支付，将会存在 H 型消费者谎报自身类型的风险。

由模型一可知，消费者对低碳产品的需求能够有效促进生产商加大对减排技术的投资，提高生产商的减排量，但是消费者对低碳产品的需求须满足一定的条件：生产商减排带给消费者的效用必须要大于保留收益，否则消费者将不接受生产商的低碳产品，此时消费者需求仅为基本需求。非对称信息下，生产商并不能通过契约使得每种消费者均可以得到保留效用，造成生产商减排契约变化的主要原因是生产商需要支付给 H 型消费者额外的信息租金，这不仅使得生产商对 H 型消费者的减排契约发生变化，而且影响到生产商对 L 型消费者的减排契约。

第四节 模型二：甄别契约下考虑供应商时供应链减排协调模型

当考虑供应商时，生产商和供应商共同在消费者需求下减排，此时消费者需求为 $a + k(e_s + e_m)$，生产商和供应商分别向 L 型和 H 型消费者提供两种减排程度不同的产品 B_L 和 B_H，B_L 对应低减排量产品，B_H 对应高减排量产品，低减排量下对应的减排成本为 $\frac{1}{2}\gamma_m e_{mL}^2 + \frac{1}{2}\gamma_s e_{sL}^2$，高减排量下对应的减排成本为 $\frac{1}{2}\gamma_m e_{mH}^2 + \frac{1}{2}\gamma_s e_{sH}^2$。生产商根据消费者偏好选择减排量 $e_{mi}(i=L,H)$，供应商根据生产商减排量选择自身减排量 e_{si}，生产商对低碳产品的溢价为 Δp_i，此时消费者的支付意愿为 $k_i(e_{mi} + e_{si})$，同理，可以得到生产商和供应商共同减排带给消费者的效用为 $k_i(e_{mi} + e_{si}) - \Delta p_i$。由于生产商是主导者，供应商为跟随者，根据假设，本节涉及两种决策模式：分散决策和协调决策。分散决策时，生产商和供应商各自以自身收益最优进行减排，协调决策时，生产商设计减排成本分担契约联合供

应商共同进行减排。假设生产商替供应商分担减排成本的比例为 $\varphi \in [0,1)$，则供应商承担减排成本的比例为 $1-\varphi$，通过 φ 的连续变化研究生产商减排策略的变化。以下分别从对称信息和非对称信息下研究生产商减排策略。

一、对称信息模型

对称信息下，生产商能够完全观测到市场中消费者类型，生产商联合供应商根据不同消费者类型设定减排契约为 $(e_{mi}, e_{si}, \Delta p_i)(i=L,H)$。

（一）分散决策

分散决策下，生产商和供应商分别以自身收益最优为目标，此时生产商和供应商优化问题分别表示为

$$\max_{(e_{mi},\Delta p_i)} \pi_{mi} = (p + \Delta p_i - f - v)(a + k_i(e_{si} + e_{mi})) - \frac{1}{2}\gamma_m e_{mi}^2 \quad (4\text{-}14)$$

$$\max_{e_{si}} \pi_{si} = (f - w - s)(a + k_i(e_{si} + e_{mi})) - \frac{1}{2}\gamma_s e_{si}^2 \quad (4\text{-}15)$$

$$\text{s.t.} \quad k_i(e_{si} + e_{mi}) - \Delta p_i \geq 0 \quad (4\text{-}16)$$

其中，式（4-14）和式（4-15）分别表示生产商和供应商的收益，式（4-16）表示消费者的参与约束条件，即生产商和供应商共同减排下带给消费者的效用至少等于保留效用，由于生产商与消费者之间信息是对称的，因此生产商可以和供应商针对不同低碳偏好的消费者提供不同减排程度的产品，此时参与约束条件取等号，即 $\Delta p_i = k_i(e_{si} + e_{mi})$，并回代式（4-14），生产商收益优化问题重新表示为

$$\max_{e_{mi}} \pi_{mi} = (p + k_i(e_{si} + e_{mi}) - f - v)(a + k_i(e_{si} + e_{mi})) - \frac{1}{2}\gamma_m e_{mi}^2 \quad (4\text{-}17)$$

根据 $\dfrac{\partial \pi_{mi}}{\partial e_{mi}} = 0$ 和 $\dfrac{\partial \pi_{si}}{\partial e_{si}} = 0$ 分别得到生产商和供应商最优减排契约，如表 4-3 所示。

表 4-3 对称信息分散决策下最优减排契约

最优策略	L 型消费者	H 型消费者
e_m^{*DS}	$\dfrac{2(f-w-s)k_L^3 + k_L(a+p-f-v)\gamma_s}{(\gamma_m - 2k_L^2)\gamma_s}$	$\dfrac{2(f-w-s)k_H^3 + k_H(a+p-f-v)\gamma_s}{(\gamma_m - 2k_H^2)\gamma_s}$

续表

最优策略	L 型消费者	H 型消费者
$e_s^{*\mathrm{DS}}$	$\dfrac{k_L(f-w-s)}{\gamma_s}$	$\dfrac{k_H(f-w-s)}{\gamma_s}$
$\Delta p^{*\mathrm{DS}}$	$k_L^2\left(\dfrac{(f-w-s)\gamma_m+(a+p-f-v)\gamma_s}{(\gamma_m-2k_L^2)\gamma_s}\right)$	$k_H^2\left(\dfrac{(f-w-s)\gamma_m+(a+p-f-v)\gamma_s}{(\gamma_m-2k_H^2)\gamma_s}\right)$

注：上标 DS 表示对称信息分散决策

通过对表 4-3 中值的比较，可以得到定理 4.4。

定理 4.4 对称信息分散决策下，$e_{sL}^{*\mathrm{DS}}<e_{sH}^{*\mathrm{DS}}$，$e_{mL}^{*\mathrm{DS}}<e_{mH}^{*\mathrm{DS}}$，$\Delta p_L^{*\mathrm{DS}}<\Delta p_H^{*\mathrm{DS}}$。

证明 由于 $e_{sL}^{*\mathrm{DS}}=\dfrac{k_L(f-w-s)}{\gamma_s}<\dfrac{k_H(f-w-s)}{\gamma_s}=e_{sH}^{*\mathrm{DS}}$，$e_{mL}^{*\mathrm{DS}}=$

$\dfrac{2(f-w-s)ke_L^3+k_L(a+p-f-v)\gamma_s}{(\gamma_m-2k_L^2)\gamma_s}<\dfrac{2(f-w-s)k_H^3+k_H(a+p-f-v)\gamma_s}{(\gamma_m-2k_H^2)\gamma_s}=e_{mH}^{*\mathrm{DS}}$，因

此可以得到 $\Delta p_L^{*\mathrm{DS}}<\Delta p_H^{*\mathrm{DS}}$。

由定理 4.4 可知，生产商越努力减排，供应商越会相应提高减排量，这就会带来更高的产品溢价。

定理 4.5 对称信息下，生产商考虑供应商时减排与单独减排相比有如下关系：$e_{mL}^{*S}<e_{mL}^{*\mathrm{DS}}$，$e_{mH}^{*S}<e_{mH}^{*\mathrm{DS}}$，$\Delta p_L^{*S}<\Delta p_L^{*\mathrm{DS}}$，$\Delta p_H^{*S}<\Delta p_H^{*\mathrm{DS}}$。

证明 通过表 4-1 和表 4-3 比较可得。证毕。

由定理 4.5 可知，对称信息下，考虑供应商有利于提高生产商的减排量，即当生产商处于供应链中时其能够更加努力地减排，并且可以对消费者实施更高的产品溢价。

（二）协调决策

协调决策下，生产商分别对低减排量和高减排量的供应商提供减排成本分担比例 φ_L（L 型减排成本分担比例）和 φ_H（H 型减排成本分担比例）。因此，对称信息下，生产商对供应商提供单一的分担比例为 $\varphi_i(i=L,H)$，此时生产商和供应商收益优化问题分别表示为

$$\max_{(e_{mi},\Delta p_i)}\pi_{mi}=(p+\Delta p_i-f-v)(a+k_i(e_{si}+e_{mi}))-\frac{1}{2}\gamma_m e_{mi}^2-\varphi_i\frac{1}{2}\gamma_s e_{si}^2 \quad (4\text{-}18)$$

$$\max_{e_{si}} \pi_{si} = (f - w - s)(a + k_i(e_{si} + e_{mi})) - (1 - \varphi_i)\frac{1}{2}\gamma_s e_{si}^2 \quad (4\text{-}19)$$

$$\text{s.t.} \quad k_i(e_{si} + e_{mi}) - \Delta p_i \geq 0 \quad (4\text{-}20)$$

取参与约束条件式（4-20）为等号并回代式（4-18），生产商优化问题重新表示为

$$\max_{e_{mi}} \pi_{mi} = (p + k_i(e_{si} + e_{mi}) - f - v)(a + k_i(e_{si} + e_{mi})) - \frac{1}{2}\gamma_m e_{mi}^2 - \varphi_i \frac{1}{2}\gamma_s e_{si}^2$$

$$(4\text{-}21)$$

根据 $\dfrac{\partial \pi_{mi}}{\partial e_{mi}} = 0$ 和 $\dfrac{\partial \pi_{si}}{\partial e_{si}} = 0$ 可以得到最优减排契约，如表4-4 所示。

表 4-4 对称信息协调决策下最优减排契约

最优策略	L 型消费者	H 型消费者
$e_m^{*\cos}$	$\dfrac{k_L(a+p-f-v)\gamma_s(1-\varphi_L)+2(f-w-s)k_L^3}{(\gamma_m-2k_L^2)\gamma_s(1-\varphi_L)}$	$\dfrac{k_H(a+p-f-v)\gamma_s(1-\varphi_H)+2(f-w-s)k_H^3}{(\gamma_m-2k_H^2)\gamma_s(1-\varphi_H)}$
$e_s^{*\cos}$	$\dfrac{k_L(f-w-s)}{(1-\varphi_L)\gamma_s}$	$\dfrac{k_H(f-w-s)}{(1-\varphi_H)\gamma_s}$
$\Delta p^{*\cos}$	$k_L^2\left(\dfrac{(a+p-f-v)\gamma_s(1-\varphi_L)+(f-w-s)\gamma_m}{(\gamma_m-2k_L^2)\gamma_s(1-\varphi_L)}\right)$	$k_H^2\left(\dfrac{(a+p-f-v)\gamma_s(1-\varphi_H)+(f-w-s)\gamma_m}{(\gamma_m-2k_H^2)\gamma_s(1-\varphi_H)}\right)$

注：上标 COS 表示对称信息协调决策

通过对表 4-4 中各值的比较，可以得到定理 4.6。

定理 4.6 对称信息协调决策下，当 $\gamma_m - 2k_i^2 > 0$ 时，$e_{mi}^{*\cos}$、$e_{si}^{*\cos}$ 及 $\Delta p_i^{*\cos}$ 与 φ_i 均呈正相关关系。

证明 根据 $\dfrac{\partial^2 \pi_{mi}}{\partial e_{mi}^2} < 0$ 可以得到 $\gamma_m - 2k_i^2 > 0$，对 $e_{mi}^{*\cos}$ 求关于 φ_i 的一阶偏导，可以得到 $\dfrac{\partial e_{mi}^{*\cos}}{\partial \varphi_i} = \dfrac{2(f-w-s)k_i^3}{(\gamma_m-2k_L^2)\gamma_s(1-\varphi_L)^2} > 0$，对 $e_{si}^{*\cos}$ 求关于 φ_i 的一阶偏导，可以得到 $\dfrac{\partial e_{si}^{*\cos}}{\partial \varphi_i} = \dfrac{k_L(f-w-s)}{(1-\varphi_L)^2\gamma_s} > 0$。由于 $e_{mi}^{*\cos}$ 和 $e_{si}^{*\cos}$ 均是关于 φ_i 的增函数，因此最优产品溢价 $\Delta p_i^{*\cos}$ 也是关于 φ_i 的增函数。证毕。

由定理 4.6 可知，协调决策下生产商和供应商最优减排量及最优产品溢价均

高于分散决策下的值，因此生产商分担一部分供应商的减排成本有利于提高生产商和供应商的减排量。

二、非对称信息模型

非对称信息下，消费者低碳偏好类型是消费者的私有信息，生产商不了解消费者类型，此时生产商联合供应商设计一组减排契约 $\{(e_{mL}, e_{sL}, \Delta p_L), (e_{mH}, e_{sH}, \Delta p_H)\}$，希望 L 型消费者选择 $(e_{mL}, e_{sL}, \Delta p_L)$，$H$ 型消费者选择 $(e_{mH}, e_{sH}, \Delta p_H)$。

（一）分散决策

分散决策时，生产商和供应商各自以自身收益最优进行决策，生产商和供应商收益优化问题表示为

$$\max_{\{(e_{mL}, \Delta p_L),(e_{mH}, \Delta p_H)\}} \pi_m = P_m\left((p+\Delta p_L - f - v)(a + k_L(e_{sL}+e_{mL})) - \frac{1}{2}\gamma_m e_{mL}^2\right)$$
$$+ (1-P_m)\left((p+\Delta p_H - f - v)(a + k_H(e_{sH}+e_{mH})) - \frac{1}{2}\gamma_m e_{mH}^2\right)$$

（4-22）

$$\max_{\{e_{sL}, e_{sH}\}} \pi_s = P_m\left((f-w-s)(a+k_L(e_{sL}+e_{mL})) - \frac{1}{2}\gamma_s e_{sL}^2\right)$$
$$+ (1-P_m)\left((f-w-s)(a+k_H(e_{sH}+e_{mH})) - \frac{1}{2}\gamma_s e_{sH}^2\right)$$

（4-23）

s.t.
$$k_L(e_{sL}+e_{mL}) - \Delta p_L \geq 0 \quad (4\text{-}24)$$

$$k_H(e_{sH}+e_{mH}) - \Delta p_H \geq 0 \quad (4\text{-}25)$$

$$k_L(e_{sL}+e_{mL}) - \Delta p_L \geq k_L(e_{sH}+e_{mH}) - \Delta p_H \quad (4\text{-}26)$$

$$k_H(e_{sH}+e_{mH}) - \Delta p_H \geq k_H(e_{sL}+e_{mL}) - \Delta p_L \quad (4\text{-}27)$$

其中，式（4-24）和式（4-25）分别表示 L 型和 H 型消费者的参与约束条件；式（4-26）和式（4-27）表示激励相容约束条件；$(e_{mL}, e_{sL}, \Delta p_L)$ 相对于 $(e_{mH}, e_{sH}, \Delta p_H)$ 表示低碳偏好 k_L 的弱偏好；$(e_{mH}, e_{sH}, \Delta p_H)$ 相对于 $(e_{mL}, e_{sL}, \Delta p_L)$ 表示 k_H 的弱偏好。易得约束条件式（4-24）和式（4-27）是紧的，可以得到针对 L 型和 H 型消费者的产品溢价分别为

$$\Delta p_L = k_L(e_{sL} + e_{mL}) \tag{4-28}$$

$$\Delta p_H = k_H(e_{sH} + e_{mH}) - (k_H - k_L)(e_{sL} + e_{mL}) \tag{4-29}$$

将式（4-28）和式（4-29）回代式（4-22），生产商收益优化问题重新表示为

$$\max_{\{e_{mL}, e_{mH}\}} \pi_m = P_m \left((p + k_L(e_{sL} + e_{mL}) - f - v)(a + k_L(e_{sL} + e_{mL})) - \frac{1}{2}\gamma_m e_{mL}^2 \right)$$

$$+ (1 - P_m) \left((p + k_H(e_{sH} + e_{mH}) - f - v)(a + k_H(e_{sH} + e_{mH})) - \frac{1}{2}\gamma_m e_{mH}^2 \right)$$

$$- (1 - P_m) \left((k_H - k_L)(e_{sL} + e_{mL})(a + k_H(e_{sH} + e_{mH})) \right)$$

$$\tag{4-30}$$

首先令 $\frac{\partial \pi_s}{\partial e_{sL}} = 0$ 和 $\frac{\partial \pi_s}{\partial e_{sH}} = 0$，得到 L 型和 H 型消费者对应的供应商最优减排量分别为

$$e_{sL}^{*DA} = \frac{k_L(f - w - s)}{\gamma_s} \tag{4-31}$$

$$e_{sH}^{*DA} = \frac{k_H(f - w - s)}{\gamma_s} \tag{4-32}$$

其中，上标 DA 表示非对称信息分散决策，将 e_{sL}^{*DA} 和 e_{sH}^{*DA} 回代式（4-30），当 $\frac{\partial^2 \pi_m}{\partial e_{mL}^2} = P_m(2k_L^2 - \gamma_m) < 0$ 和 $\frac{\partial^2 \pi_m}{\partial e_{mH}^2} = (1 - P_m)(2k_H^2 - \gamma_m) < 0$ 时，由 $\frac{\partial \pi_m}{\partial e_{mL}} = 0$ 和 $\frac{\partial \pi_m}{\partial e_{mH}} = 0$ 分别得

$$e_{mL} = \frac{e_{sL}^{*DA} P_m A_{1L} - e_{mH}(1 - P_m) A_{2LH} - e_{sH}^{*DA}(1 - P_m) A_{2LH} + A_{3LH}}{P_m A_{4L}} \tag{4-33}$$

$$e_{mH} = \frac{P_m e_{sH}^{*DA} A_{1H} - P_m e_{mL} A_{2LH} - P_m e_{sL}^{*DA} A_{2LH} + A_{3HH}}{P_m A_{4H}} \tag{4-34}$$

其中，$A_{1L} = 2k_L^2$；$A_{1H} = 2k_H^2$。联立式（4-33）和式（4-34）求解得到 L 型和 H 型消费者对应的生产商最优减排量分别为

$$e_{mL}^{*\text{DA}} = \frac{\begin{array}{c}e_{sH}^{*\text{DA}}\left(A_{4H}A_{2LH}P_m - A_{1H}A_{2LH}(1-P_m)\right) + e_{sL}^{*\text{DA}}\left(A_{1L}A_{4H}P_m + A_{2LH}^2(1-P_m)\right) \\ + A_{4H}A_{3LH} - A_{2LH}A_{3HH}(1-P_m)/P_m\end{array}}{A_{4L}A_{4H}P_m - A_{2LH}^2(1-P_m)}$$

（4-35）

$$e_{mH}^{*\text{DA}} = \frac{\begin{array}{c}e_{sH}^{*\text{DA}}\left(A_{1H}A_{4L}P_m + A_{2LH}^2(1-P_m)\right) - e_{sL}^{*\text{DA}}P_m(A_{1L}A_{2LH} + A_{4L}A_{2LH}) \\ -A_{2LH}A_{3LH} + A_{4L}A_{3HH}\end{array}}{A_{4L}A_{4H}P_m - A_{2LH}^2(1-P_m)}$$

（4-36）

进一步得到生产商对 L 型和 H 型消费者的溢价分别为

$$\Delta p_L^{*\text{DA}} = k_L\left(e_{sL}^{*\text{DA}} + e_{mL}^{*\text{DA}}\right) \tag{4-37}$$

$$\Delta p_H^{*\text{DA}} = k_H\left(e_{sH}^{*\text{DA}} + e_{mH}^{*\text{DA}}\right) - (k_H - k_L)\left(e_{sL}^{*\text{DA}} + e_{mL}^{*\text{DA}}\right) \tag{4-38}$$

定理4.7 非对称信息分散决策下，每种类型消费者对应的生产商最优减排量均与两种类型对应下的供应商最优减排量相关。

证明 由 $e_{mL}^{*\text{DA}}$ 和 $e_{mH}^{*\text{DA}}$ 表达式易得。证毕。

定理 4.7 说明每种类型下消费者对应的生产商最优减排量均与所有类型消费者低碳偏好程度相关，这与对称信息下的情况是不同的，这说明非对称信息下两种类型的消费者低碳偏好共同影响生产商的减排量。

定理4.8 非对称信息分散决策下，生产商和供应商减排使得 L 型消费者获得保留效用，使得 H 型消费者获得额外正的效用 $(k_H - k_L)\left(e_{sL}^{*\text{DA}} + e_{mL}^{*\text{DA}}\right)$。

证明 证明过程同定理4.3。

由定理4.8可知，由于 H 型消费者存在谎报自身类型的积极性，因此生产商支付的信息租金是确保 H 型消费者披露自身真实信息的费用，并且生产商和供应商的减排行为共同影响这部分信息租金。

（二）协调决策

考虑供应链协调时，生产商在 L 型和 H 型消费者下对供应商减排成本的分担比例分别为 φ_L 和 φ_H，因此，生产商为供应商设计的减排成本分担比例组合表示为 (φ_L, φ_H)，根据 L 型和 H 型消费者出现的概率，φ_L 和 φ_H 的概率也分别为 P_m 和 $1-P_m$，此时生产商和供应商收益优化问题表示为

$$\max_{\{e_{sL}, e_{sH}\}} \pi_s = P_m \left((f-w-s)(a+k_L(e_{sL}+e_{mL})) - (1-\varphi_L)\frac{1}{2}\gamma_s e_{sL}^2 \right)$$
$$+ (1-P_m)\left((f-w-s)(a+k_H(e_{sH}+e_{mH})) - (1-\varphi_H)\frac{1}{2}\gamma_s e_{sH}^2 \right) \quad (4-39)$$

$$\max_{\{(e_{mL}, \Delta p_L),(e_{mH}, \Delta p_H)\}} \pi_m = P_m \left((p+\Delta p_L - f - v)(a+k_L(e_{sL}+e_{mL})) - \frac{1}{2}\gamma_m e_{mL}^2 - \varphi_L \frac{1}{2}\gamma_s e_{sL}^2 \right)$$
$$+ (1-P_m)\left((p+\Delta p_H - f - v)(a+k_H(e_{sH}+e_{mH})) - \frac{1}{2}\gamma_m e_{mH}^2 - \varphi_H \frac{1}{2}\gamma_s e_{sH}^2 \right) \quad (4-40)$$

s.t.
$$k_L(e_{sL}+e_{mL}) - \Delta p_L \geqslant 0 \quad (4-41)$$

$$k_H(e_{sH}+e_{mH}) - \Delta p_H \geqslant 0 \quad (4-42)$$

$$k_L(e_{sL}+e_{mL}) - \Delta p_L \geqslant k_L(e_{sH}+e_{mH}) - \Delta p_H \quad (4-43)$$

$$k_H(e_{sH}+e_{mH}) - \Delta p_H \geqslant k_H(e_{sL}+e_{mL}) - \Delta p_L \quad (4-44)$$

同理可知式（4-41）和式（4-44）为紧约束，因此生产商收益优化问题重新表示为

$$\max_{\{(e_{mL},e_{sL}),(e_{mH},e_{sH})\}} \pi_m = P_m \left((p+k_L(e_{sL}+e_{mL})-f-v)(a+k_L(e_{sL}+e_{mL})) - \frac{1}{2}\gamma_m e_{mL}^2 \right.$$
$$\left. - \varphi_L \frac{1}{2}\gamma_s e_{sL}^2 \right) + (1-P_m)\left((p+k_H(e_{sH}+e_{mH})-f-v)(a \right.$$
$$\left. +k_H(e_{sH}+e_{mH})) - \frac{1}{2}\gamma_m e_{mH}^2 - \varphi_H \frac{1}{2}\gamma_s e_{sH}^2 \right)$$
$$- (1-P_m)\left((k_H - k_L)(e_{sL}+e_{mL})(a+k_H(e_{sH}+e_{mH})) \right) \quad (4-45)$$

首先令 $\dfrac{\partial \pi_s}{\partial e_{sL}} = 0$ 和 $\dfrac{\partial \pi_s}{\partial e_{sH}} = 0$，分别得到供应商最优减排量为

$$e_{sL}^{*COA} = \frac{k_L(f-w-s)}{(1-\varphi_L)\gamma_s} \quad (4-46)$$

$$e_{sH}^{*COA} = \frac{k_H(f-w-s)}{(1-\varphi_H)\gamma_s} \quad (4-47)$$

其中，上标 COA 表示非对称信息协调决策，将 e_{sL}^{*COA} 和 e_{sH}^{*COA} 回代式（4-45），由 $\frac{\partial^2 \pi_m}{\partial e_{mL}^2} < 0$ 和 $\frac{\partial^2 \pi_m}{\partial e_{mH}^2} < 0$，以及 $\frac{\partial \pi_m}{\partial e_{mL}} = 0$ 和 $\frac{\partial \pi_m}{\partial e_{mH}} = 0$ 得到当 $\gamma_m - 2k_L^2 > 0$ 和 $\gamma_m - 2k_H^2 > 0$ 时：

$$e_{mL}^{*COA} = \frac{e_{sL}^{*COA}(\varphi_L) P_m A_{1L} - e_{sH}^{*COA}(\varphi_H)(1-P_m) A_{2LH} - e_{mH}(1-P_m) A_{2LH} + A_{3LH}}{P_m A_{4L}} \quad (4\text{-}48)$$

$$e_{mH}^{*COA} = \frac{e_{sH}^{*COA}(\varphi_H) P_m A_{1H} - e_{sL}^{*COA}(\varphi_L) P_m A_{2LH} - e_{mL} P_m A_{2LH} + A_{3HH}}{P_m A_{4H}} \quad (4\text{-}49)$$

联立式（4-48）和式（4-49）求解可得生产商针对 L 型和 H 型消费者的最优减排量分别为

$$e_{mL}^{*COA} = \frac{\begin{array}{c} e_{sH}^{*COA}\left(A_{2LH} A_{4H} P_m - A_{1H} A_{2LH}(1-P_m)\right) + e_{sL}^{*COA}\left(A_{1L} A_{4H} P_m + A_{2LH}^2(1-P_m)\right) \\ + A_{3LH} A_{4H} - A_{2LH} A_{3HH}(1-P_m)/P_m \end{array}}{A_{4L} A_{4H} P_m - A_{2LH}^2(1-P_m)} \quad (4\text{-}50)$$

$$e_{mH}^{*COA} = \frac{\begin{array}{c} e_{sH}^{*COA}\left(A_{1H} A_{4L} P_m + A_{2LH}^2(1-P_m)\right) - e_{sL}^{*COA} P_m\left(A_{1L} A_{2LH} + A_{4L} A_{2LH}\right) \\ - A_{2LH} A_{3LH} + A_{4L} A_{3HH} \end{array}}{A_{4L} A_{4H} P_m - A_{2LH}^2(1-P_m)} \quad (4\text{-}51)$$

进一步得到减排成本分担下生产商对 L 型和 H 型消费者的最优产品溢价分别为

$$\Delta p_L^{*COA} = k_L \left(e_{sL}^{*COA} + e_{mL}^{*COA} \right) \quad (4\text{-}52)$$

$$\Delta p_H^{*COA} = k_H \left(e_{sH}^{*COA} + e_{mH}^{*COA} \right) - (k_H - k_L)\left(e_{sL}^{*COA} + e_{mL}^{*COA} \right) \quad (4\text{-}53)$$

结合以上最优策略，可以得到最优减排量与减排成本分担比例之间的关系，如定理 4.9 所示。

定理 4.9 非对称信息协调决策下：

（1）针对 L 型消费者，e_{mL}^{*COA} 与 φ_L 正相关，当 $\gamma_m P_m - 2k_H^2 > 0$ 时，e_{mL}^{*COA} 与 φ_H

正相关，当 $\gamma_m P_m - 2k_H^2 < 0$ 时，e_{mL}^{*COA} 与 φ_H 负相关，当 $\gamma_m P_m - 2k_H^2 = 0$ 时，e_{mL}^{*COA} 与 φ_H 无关。

（2）针对 H 型消费者，e_{mH}^{*COA} 与 φ_L 负相关，与 φ_H 正相关。

（3）e_{sL}^{*COA} 与 φ_L 正相关，e_{sH}^{*COA} 与 φ_H 正相关。

证明 根据 e_{mL}^{*COA} 和 e_{mH}^{*COA} 的表达式可知，$A_{1L}A_{4H}P_m + A_{2LH}^2(1-P_m) > 0$，$A_{1L}A_{2LH} + A_{4L}A_{2LH} > 0$，$A_{4H}A_{2LH}P_m - A_{1H}A_{2LH}(1-P_m) = A_{2LH}(\gamma_m P_m - 2k_H^2)$，进而讨论 $\gamma_m P_m - 2k_H^2$ 的正负得到以上定理。证毕。

定理 4.9 给出了生产商最优减排量与减排成本分担比例之间的关系，可知非对称信息下，生产商处于供应链中减排时，不同消费者类型对应的生产商最优减排量与两种类型消费者对应的供应商最优减排量均相关，这与对称信息下结论是不同的。

第五节 数 值 算 例

以上对消费者驱动下供应链中生产商减排策略进行了分析，可知生产商减排量和减排成本分担比例是影响生产商减排决策的关键因素。参照生产商在消费者驱动下实际减排决策中各参数的大小关系，设定生产商和供应商单位产品初始碳排放分别为 $x_m = 320$ 和 $x_s = 120$，L 型消费者出现的概率为 $P_x = 0.4$，生产商减排成本系数为 $\gamma_m = 600$，供应商减排成本系数为 $\gamma_s = 80$，消费者基本需求为 $a = 1000$，供应商生产成本变动系数为 $w = 1$，生产商生产成本变动系数为 $v = 15$，供应商单位原材料成本为 $s = 1$，单位原材料价格为 $f = 3$，不考虑产品溢价时的价格为 $p = 50$，在这里固定 L 型消费者低碳偏好 $k_L = 4.5$，H 型消费者低碳偏好在区间 $k_H \in [5,6]$ 内变动，变化步长为 0.1，利用 MATLAB R2012a 软件编程进行如下数值计算。

一、最优减排契约下生产商收益分析

表4-5表示生产商单独减排时对称信息与非对称信息下生产商最优减排契约。可以得到：①对称信息下，生产商针对 L 型消费者的最优减排量和最优产品溢价保持不变，而针对 H 型消费者的最优减排量和最优产品溢价随着 k_H 的增加而增加，即对称信息下 H 型消费者没有模仿 L 型消费者的积极性；②非对称信息下，生产商针对 L 型消费者的最优减排量和最优产品溢价随着 k_H 的增加而减小，针对 H 型消费者的最优减排量和最优产品溢价随着 k_H 的增加而增加，并且支付给 H 型消费者的信息租金也随之增高，这说明非对称信息下，H 型消费者存在模仿 L 型

消费者的积极性,并且k_H越大,模仿的积极性越高;③与对称信息下相比,非对称信息下无论对L型还是H型消费者,生产商的最优减排量和最优产品溢价均存在向下的扭曲,这主要是非对称信息下生产商支付给H型消费者额外的信息租金造成的。

表4-5 生产商单独减排时最优减排契约

低碳偏好		对称信息				非对称信息				
k_L	k_H	e_{mL}^{*S}	Δp_L^{*S}	e_{mH}^{*S}	Δp_H^{*S}	e_{mL}^{*A}	Δp_L^{*A}	e_{mH}^{*A}	Δp_H^{*A}	信息租金
4.5	5.0	10.107	45.48	11.467	57.333	8.560	38.521	11.420	52.820	4.280
4.5	5.1	10.107	45.48	11.749	59.919	8.241	37.083	11.694	54.694	4.944
4.5	5.2	10.107	45.48	12.034	62.579	7.918	35.629	11.972	56.711	5.542
4.5	5.3	10.107	45.48	12.324	65.317	7.590	34.156	12.254	58.874	6.072
4.5	5.4	10.107	45.48	12.617	68.133	7.259	32.665	12.541	61.186	6.533
4.5	5.5	10.107	45.48	12.915	71.031	6.923	31.155	12.832	63.652	6.923
4.5	5.6	10.107	45.48	13.216	74.011	6.583	29.623	13.128	66.277	7.241
4.5	5.7	10.107	45.48	13.522	77.076	6.239	28.071	13.430	69.063	7.486
4.5	5.8	10.107	45.48	13.833	80.229	5.889	26.495	13.736	72.016	7.654
4.5	5.9	10.107	45.48	14.147	83.470	5.532	24.896	14.049	75.141	7.745
4.5	6.0	10.107	45.48	14.467	86.804	5.172	23.272	14.367	78.442	7.757
不变	增加	不变	不变	增加	增加	减少	减少	增加	增加	增加

表4-6表示考虑供应商时对称信息与非对称信息下最优减排契约。可以得到:①对称信息下,随着k_H增大,针对L型消费者,生产商和供应商最优减排量和最优产品溢价均不变,而针对H型消费者,生产商和供应商最优减排量和最优产品溢价均随之增大,这与生产商单独减排时得到的结论一致;②非对称信息下,针对L型消费者,供应商最优减排量保持不变,而生产商最优减排量和最优产品溢价随着k_L的增加而减小,针对H型消费者,生产商和供应商最优减排量和最优产品溢价随着k_H的增加而增大;③非对称信息下与对称信息下相比,生产商针对不同类型消费者的最优减排量和最优产品溢价均向下扭曲。

表4-6 考虑供应商减排时分散决策下最优减排契约

低碳偏好		对称信息						非对称信息					
k_L	k_H	e_{mL}^{*DS}	e_{sL}^{*DS}	Δp_L^{*DS}	e_{mH}^{*DS}	e_{sH}^{*DS}	Δp_H^{*DS}	e_{mL}^{*DA}	e_{sL}^{*DA}	Δp_L^{*DA}	e_{mH}^{*DA}	e_{sH}^{*DA}	Δp_H^{*DA}
4.5	5.0	10.11	0.0075	45.517	11.468	0.0083	57.380	8.382	0.0075	37.752	11.421	0.0083	52.952
4.5	5.1	10.11	0.0075	45.517	11.750	0.0085	59.967	8.032	0.0075	36.177	11.695	0.0085	54.863

续表

低碳偏好		对称信息						非对称信息					
k_L	k_H	e_{mL}^{*DS}	e_{sL}^{*DS}	Δp_L^{*DS}	e_{mH}^{*DS}	e_{sH}^{*DS}	Δp_H^{*DS}	e_{mL}^{*DA}	e_{sL}^{*DA}	Δp_L^{*DA}	e_{mH}^{*DA}	e_{sH}^{*DA}	Δp_H^{*DA}
4.5	5.2	10.11	0.0075	45.517	12.035	0.0087	62.630	7.680	0.0075	34.594	11.973	0.0087	56.922
4.5	5.3	10.11	0.0075	45.517	12.325	0.0088	65.369	7.326	0.0075	33.002	12.255	0.0088	59.131
4.5	5.4	10.11	0.0075	45.517	12.618	0.0090	68.188	6.970	0.0075	31.401	12.542	0.0090	61.494
4.5	5.5	10.11	0.0075	45.517	12.916	0.0092	71.088	6.613	0.0075	29.790	12.833	0.0092	64.012
4.5	5.6	10.11	0.0075	45.517	13.218	0.0093	74.071	6.253	0.0075	28.170	13.129	0.0093	66.691
4.5	5.7	10.11	0.0075	45.517	13.524	0.0095	77.138	5.890	0.0075	26.540	13.431	0.0095	69.533
4.5	5.8	10.11	0.0075	45.517	13.834	0.0097	80.293	5.526	0.0075	24.899	13.738	0.0097	72.541
4.5	5.9	10.11	0.0075	45.517	14.149	0.0098	83.538	5.158	0.0075	23.247	14.050	0.0098	75.720
4.5	6.0	10.11	0.0075	45.517	14.469	0.0100	86.874	4.789	0.0075	21.583	14.368	0.0100	79.074
不变	增加	不变	不变	不变	增加	增加	增加	减少	不变	减少	增加	增加	增加

比较表4-5和表4-6，非对称信息下，考虑供应商减排使得生产商对L型消费者的最优减排量和最优产品溢价均降低了，而对H型消费者的最优减排量和最优产品溢价均提高了。结合图4-3可知，考虑供应商减排时生产商支付给H型消费者的信息租金小于生产商在单独减排时支付的信息租金。可知，考虑供应商减排时，H型消费者模仿L型消费者的积极性更低一些，这主要以降低对L型消费者的减排量为代价。

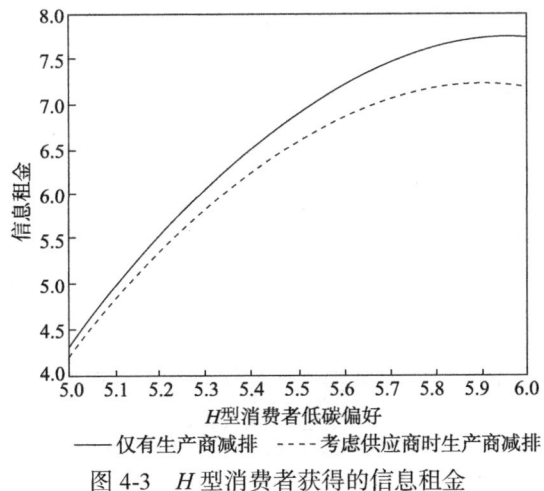

图4-3 H型消费者获得的信息租金

图 4-4 表示生产商单独减排时收益，此时对称信息下 H 型消费者对应的生产商收益和非对称信息下生产商收益均随着 H 型消费者低碳偏好的增加而增大。非对称信息下生产商收益大于对称信息下 L 型消费者对应的生产商收益，小于对称信息下 H 型消费者对应的生产商收益。可见，市场中消费者如果为 H 型，生产商收益的损失更大一些。

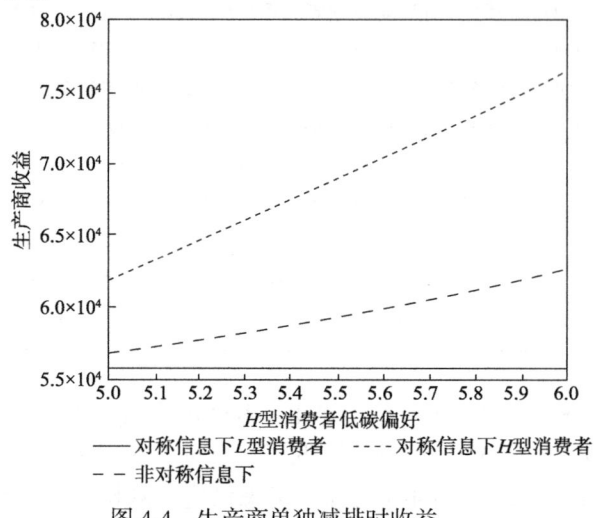

图 4-4　生产商单独减排时收益

图 4-5 表示考虑供应商减排时生产商收益，此时非对称信息下生产商收益居于对称信息下两种类型对应的生产商收益之间，这与生产商单独减排时的结论保

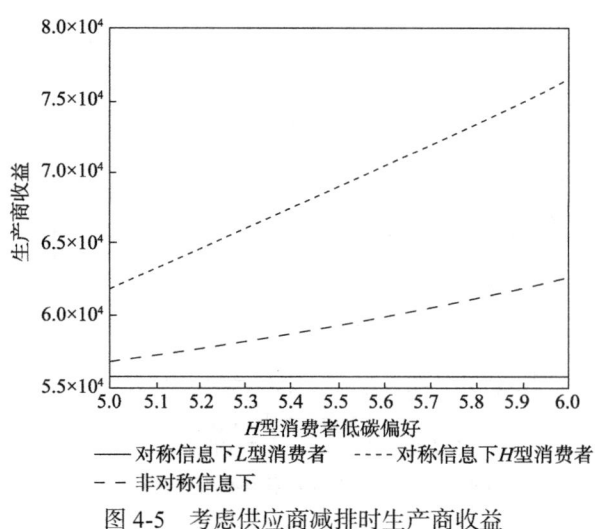

图 4-5　考虑供应商减排时生产商收益

持一致。结合图 4-6 可以得到，考虑供应商时，无论信息是否对称，均可以提高生产商收益。图 4-7 表示对称信息与非对称信息下供应商收益，此时供应商与生产商变化趋势保持一致。

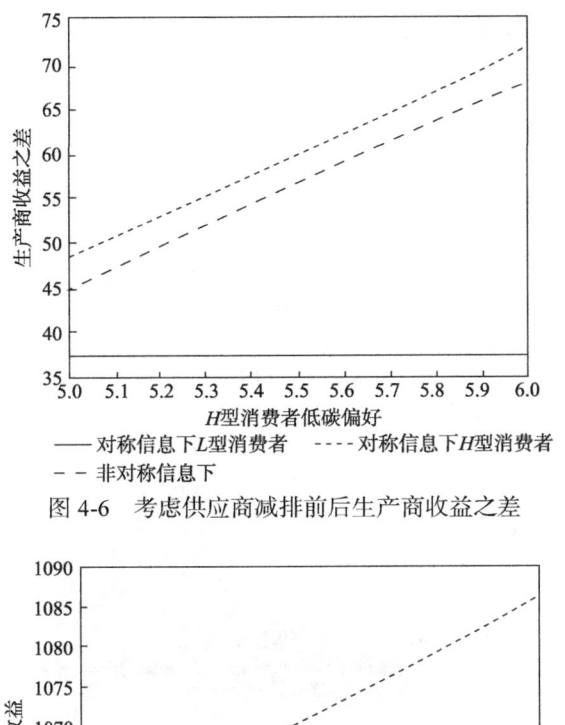

图 4-6 考虑供应商减排前后生产商收益之差

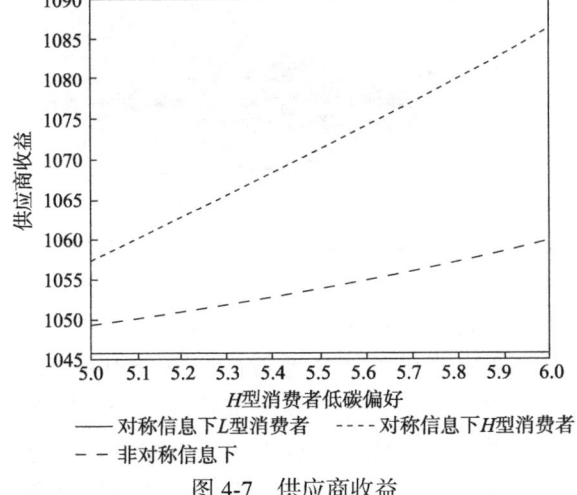

图 4-7 供应商收益

二、减排成本分担契约下生产商收益分析

图 4-8 和图 4-9 分别表示对称信息和非对称信息下减排成本分担比例对生产商收益的影响。结合图 4-5 可知，减排成本分担的协调方式可以有效提高生产商的收益，并且非对称信息下生产商收益大于对称信息下 L 型消费者对应的收益，小于 H 型消费者对应的收益。此外，减排成本分担比例与生产商收益呈正相关关

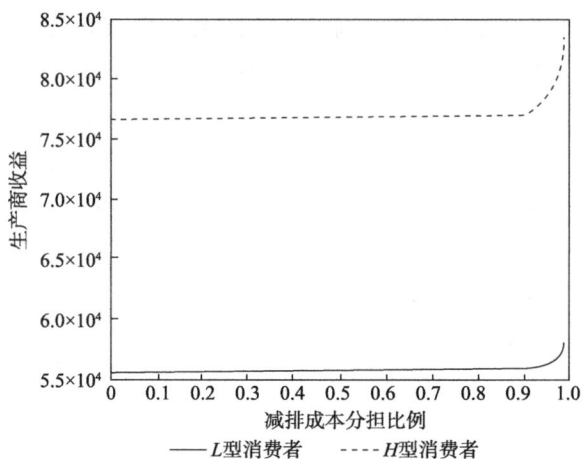

图 4-8　对称信息下减排成本分担比例对生产商收益的影响（$k_H = 6$）

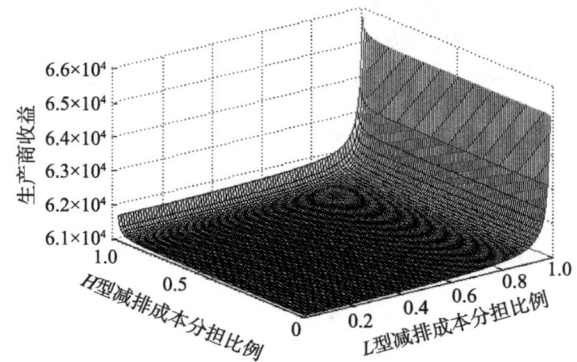

图 4-9　非对称信息下减排成本分担比例对生产商收益的影响（$k_H = 6$）

系，并且只有当该比例达到足够大的时候（大于0.9），生产商收益才会呈现明显的上升，这就鼓励生产商应该尽可能多地替供应商分担减排成本。Ghosh 和 Shah（2015）及 Wang 等（2016）等研究均认为减排成本分担比例在[0,1]上必然存在极值点使得主导企业收益达到最优，造成本书与以往研究不同的主要原因是生产商与消费者之间存在的信息差异。从图 4-9 中可以进一步得到，非对称信息下，针对 L 型消费者增加减排成本分担比例带给生产商的收益大于针对 H 型消费者增加减排成本分担比例带来的收益，这主要是由于生产商对 H 型消费者多支付的信息租金抵消了一部分协调为生产商带来的收益。图 4-10 和图 4-11 分别表示对称信息和非对称信息下减排成本分担比例对供应商收益的影响，结合图 4-7 也能得到与生产商相似的结论。

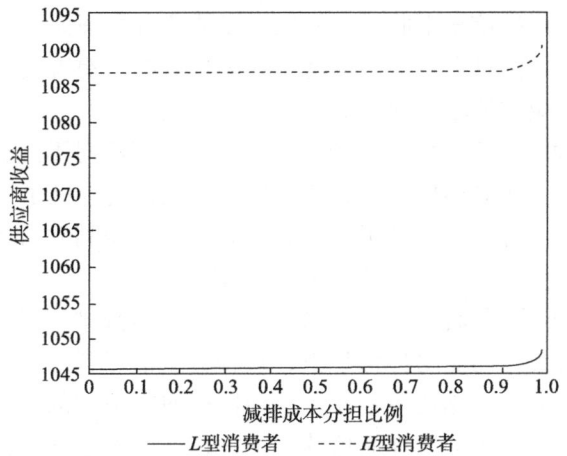

图 4-10 对称信息下减排成本分担比例对供应商收益的影响（$k_H = 6$）

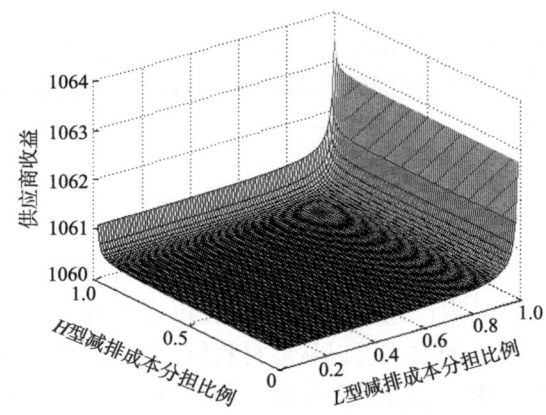

图 4-11 非对称信息下减排成本分担比例对供应商收益的影响（$k_H = 6$）

第六节 结论和启示

一、主要研究结论

（1）无论是否考虑供应商减排，与 L 型消费者相比，生产商针对 H 型消费者以更高的减排量获得更高的产品溢价。对称信息下，生产商通过产品溢价使得 L 型和 H 型消费者均只得到保留效用，而非对称信息下，生产商通过产品溢价使得 L 型消费者得到保留效用，但是对于 H 型消费者，生产商必须支付额外的信息租金确保其没有模仿 L 型消费者的积极性。

（2）无论是否考虑供应商减排，如果市场中消费者类型为 L 型，非对称信息下生产商收益大于对称信息下收益,如果市场消费者类型为 H 型,非对称信息下生产商收益小于对称信息下收益。因此,如果市场中消费者类型为 L 型,非对称信息下生产商实施减排策略反而提高了生产商的收益。

(3)对称信息下,考虑供应商减排能够提高生产商对不同类型消费者的减排量和产品溢价,但是非对称信息下,考虑供应商减排均降低了生产商对 L 型消费者的减排量和产品溢价,均提高了其对 H 型消费者的减排量和产品溢价。因此,考虑供应商减排使得生产商更加偏向于 H 型消费者。

(4)对称信息下,每种类型消费者对应的生产商减排量仅与该种类型下的减排成本分担比例有关,而非对称信息下,每种类型消费者对应的生产商减排量与两种类型下的减排成本分担比例均相关。与以往研究不同的是,本书中生产商收益随着减排成本分担比例的增加而持续增加,在非对称信息下,L 型消费者对应的生产商分担减排成本带来的收益大于 H 型消费者对应的生产商分担减排成本带来的收益。

由以上结论可知,消费者驱动下,当生产商处于供应链中进行减排时,不仅能够获得更高的消费者需求,同时能够降低生产商向 H 型消费者支付的信息租金,有利于其提高自身收益。

二、管理启示

在消费者对低碳产品需求逐渐增加的趋势下,供应链中生产商通过加大减排技术投资的方式降低产品生产过程中的碳排放,以应对消费者对低碳产品的需求,同时供应商通过减排投资的方式可以从原材料供应方面降低碳排放,进一步提高消费者对低碳产品的需求。结合以上分析,可以得到以下管理启示。

(1)生产商通过对低碳产品征收额外溢价的方式来补偿自身减排投资成本,针对 H 型消费者,生产商通过降低产品生产过程中的减排量(减排投资)的方式,支付一定的信息租金以避免其模仿 L 型消费者导致的逆向选择问题。

(2)生产商领导供应商减排提高消费者需求,生产商可以向消费者征收更高的产品溢价进一步优化自身收益,同时可以分担一部分供应商减排成本提高消费者对低碳产品的需求,有利于其提高自身和供应商的收益。

以上管理启示对汽车企业在发展新能源汽车方面也具有一定的指导意义。随着政府补贴逐渐退坡,新能源汽车将面对复杂多变的消费人群,此时汽车企业首先应该加大清洁生产技术的研发投入,提高自身清洁生产能力,并且提供多种新能源车型以应对消费者的差异化需求,同时应该鼓励上游供应商提供更加清洁的原材料,提高新能源汽车从供应到生产的清洁化程度,最大限度地满足并提高消费者对新能源汽车的需求。

第七节 本章小结

随着消费者环保意识的提高，消费者更加关注产品的低碳环保性，甚至能够以更高的价格购买低碳环保性高的产品。例如，随着消费者对新能源汽车的接受程度逐渐提升，消费者对新能源汽车的需求逐渐由政策引导型向自主需求型转变，尽管目前新能源汽车价格普遍高于燃油汽车，但是部分消费者仍能接受节能减排产品带来的溢价。本章通过新能源汽车充电难和相关文献研究引出研究问题：消费者需求下，针对消费者低碳偏好私有造成的信息不对称问题，供应链中核心生产商如何实施减排策略解决信息不对称和供应链协调问题。本章参考 Rao 和 Holt（2005）、Achtnicht（2012）、Nouira 等（2016）及赵道致等（2016）文章中的需求函数构造方法，构造仅与减排量相关的需求函数。首先构建生产商与消费者之间的委托-代理模型，甄别消费者类型并揭示减排量与产品溢价之间的关联；其次设计非对称信息下的减排成本分担契约，研究委托-代理模型下生产商与上游供应商之间的协调策略，进一步从供应链层面研究消费者需求下生产商的减排策略，通过两种模型的比较，给出生产商从供应链层面减排的优势。本章通过研究对供应链中生产商在差异化需求下如何进行产品研发给予了启示，进一步拓展了供应链契约理论在委托-代理问题中的应用。

第五章　基于社会福利最优的供应链减排策略研究

随着政府对新能源汽车补贴的退坡，碳交易等减排市场机制将逐渐取代补贴政策与消费者共同推动新能源汽车的发展。当考虑消费者驱动时，政府的目标是实现整个供应链系统的社会福利最优。本章在第三章和第四章的基础上，从非对称信息视角研究供应链在政府和消费者共同驱动下的减排策略。

第一节　减排机制与供应链运作研究

以新能源汽车为例，2016年8月2日，国家发展和改革委员会办公厅发布了《新能源汽车碳配额管理办法》（征求意见稿）。随着消费者对新能源汽车需求的增多，我国新能源汽车发展逐渐由政策驱动转变为市场驱动，新能源汽车将在市场减排机制和消费者的共同驱动下发展。

当前减排机制主要包括碳税和碳交易，此外还有碳补贴、碳补偿、碳限额及排放惩罚等。碳交易是中国目前碳减排治理中的主要政策，中国于2017年12月在全国范围内启动了碳交易市场。学者将减排机制与企业生产结合在一起进行了大量研究，并对不同机制的减排效果进行了比较。Chen等（2013）考虑碳配额、碳税及碳交易等多种机制下的经济订货批量模型，比较研究了不同减排机制下企业订货的决策机理。Benjaafar等（2013）分别构建碳配额、碳税、碳交易及碳补偿下的企业减排模型，研究碳排放成本是如何内部化在运作管理模型中的，并从这些运作管理模型中得出管理学意义。Toptal等（2014）比较研究了碳配额、碳税及碳交易政策下企业订货量、减排投资及减排量，认为碳交易机制的减排效果更加明显。He等（2015b）比较研究碳税和碳交易下企业最优生产批量和碳排放问题，研究发现碳交易机制下企业的碳排放主要依赖于碳价格和交易额度，与排放上限没有关系。Bazan等（2015b）比较研究碳税和强制减排机制下一体化决策及包含寄售库存在内的供应商库存管理决策。Zhao等（2017）比较研究了在政府补贴和惩罚机制下企业低成本技术及高成本技术手段的减排效应。杨珺和卢巍（2014）比较研究了强制排放政策、碳税政策、碳交易政策、碳补偿政策下的多容量等级选址及配送问题。何大义等（2016）研究认为相较于强制减排政策，碳交易政策在减排的同时可以保证提高企业收益，因此碳交易是一种更加有效的减排机制。

多种减排机制联合在一起能够实现"1+1>2"的减排效应。Bazan 等（2015a）构建包含制造及再制造在内的环境响应型逆向物流库存模型，研究碳税和碳交易机制下模型中能源效率和碳排放情况。Shu 等（2017）研究再制造补贴和碳税两种减排政策下最优价格及生产决策，认为碳税对产品价格的影响更大，而再制造补贴更有利于企业低碳发展。孟卫军（2010）研究了碳税政策下政府对于企业减排研发的补贴，以及企业间的合作问题，补贴和合作在不同的排放税率条件下有不同的效果。黄帝等（2016）提出了一个考虑碳排放总量约束、碳交易和减排投资在内的动态批量优化模型。各种减排政策均是通过对企业运作方式的影响来控制碳排放的，企业通常将碳排放成本内化在运作成本中，而不会仅以环境优化为目标进行决策，这就使得企业必须在兼顾经济成本和环境成本的情况下进行决策。常香云等（2013）认为政府在借助碳税政策促进企业低碳生产的同时，可以适当辅以补贴政策以提升再制造技术的减排所带来的环境和经济效益。

就碳税而言，丹麦、芬兰等碳税实施较为成熟的国家主要采用定额碳税定价的方法，但是此种定价方法下企业的最优减排策略通常是唯一的，导致企业减排行为并不能满足不同类型消费者的偏好和需求。就碳交易而言，根据欧盟碳排放交易体系等较为成熟体系的碳配额分配方法，目前主要通过历史法、基准法及拍卖法进行碳配额分配，历史法适用于碳交易体系建立初期，随着全国碳交易市场的建立和推广，基准法和拍卖法将成为主要碳配额分配方法（Zhang et al., 2015；Ji et al., 2017；Xiong et al., 2017）。消费者环境敏感性是减排机制设计中需要考虑的关键因素（Bi et al., 2017），Jiang 和 Chen（2015）、朱庆华和窦一杰（2011）及赵黎明和殷建立（2016）认为减排机制应以整个系统的社会福利最优为目标，这一方面能够避免减排直接作用于企业而未考虑消费者所导致的企业将碳税费用向消费者转移的问题，另一方面能够实现整个系统经济收益和环境成本之间的均衡。尽管 Cohen 等（2016）研究了政府和消费者共同驱动下企业的减排策略，但是并未从非对称信息角度研究企业减排。本章将从非对称信息视角以整个供应链系统社会福利最优分析供应链减排策略。

第二节　社会福利模型描述与假设

一、模型描述

构建政府、生产商、下游零售商及消费者之间的决策体系，将供应链收益纳入到社会福利函数中。由于生产商远离消费者，并不了解消费者低碳偏好类型，零售商面临市场，掌握消费者低碳偏好信息，因此零售商存在隐匿消费者偏好信息的可能。设定消费者低碳偏好信息为 $k \in \{k_L, k_H\}$，L 型消费者对应的零售商类型为 L 型，H 型消费者对应的零售商类型为 H 型，且概率分别为 P_m 和 $1-P_m$。首先构建碳税和消费者驱动下供应链减排模型，其次构建碳税联合碳交易和消费者驱动下供应链减排模型。政府与生产商之间构成 Stackelberg 两阶段博弈关系，其中政府是主导者，生产商是跟随者。在第一阶段中，政府设计减排机制实现社会福利的最大化，此阶段中，政府针对生产商单位产品初始碳排放分配碳配额，并针对每种类型消费者制定对应的碳税政策使得社会福利最优；在第二阶段中，生产商在减排机制下制定包括减排量和转移支付在内的减排契约以优化自身收益，此时生产商是委托人，零售商是代理人，生产商设计减排契约使得零售商披露消费者偏好信息以获得需求信息，如图 5-1 所示。

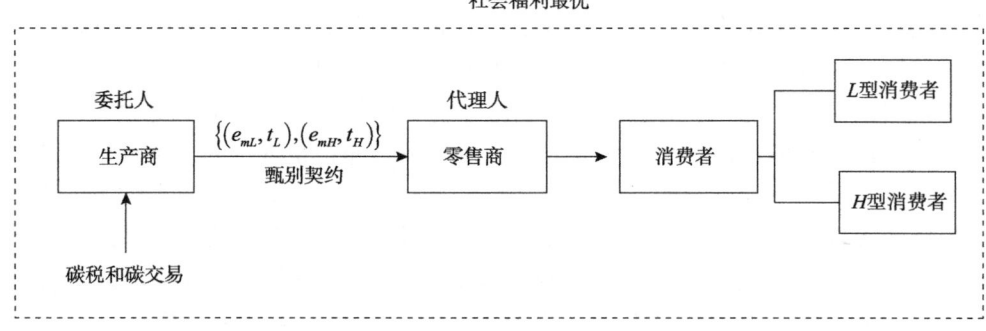

图 5-1　基于社会福利最优的供应链减排系统图

二、模型假设

（1）假设生产商和零售商均为风险中性的理性人。

（2）假设市场容量为 $N=1$。

（3）零售商保留收益。根据 Ma 等（2018）及 Cai 和 Singham（2018）研究中关于委托-代理模型的假设，将零售商保留收益标准化为 0。

（4）减排成本。假设生产商减排成本 $C_m(e_m)$ 随减排量 e_m 的增加而递增地增加，即 $C'_m(e_m)>0$，$C''_m(e_m)>0$，根据 D'Aspremont 和 Jacquemin（1988）及游达明和朱桂菊（2014）对减排成本的处理方法，设定生产商减排成本为 $C_m(e_m) = \frac{1}{2}\gamma_m e_m^2$。

（5）需求函数。继续沿用第四章需求函数 $D(e_m) = a + k e_m$。

（6）消费者剩余。由于 p 表示产品市场价格，且 $p > f + v$，而消费者实际愿意为产品支付的市场价格表示为 $p + k e_m$，因此消费者剩余表示为 $s_c(e_m) = $

$$(p+ke_m-p)(a+ke_m)=ke_m(a+ke_m)=(a+ke_m)^2-a(a+ke_m)。$$

（7）环境损害成本。根据 Frankhauser 和 Tol（1996），假设碳排放造成的环境损害成本为 $h_m=\delta_0(x_m-e_m)(a+ke_m)$，其中，$\delta_0$ 表示环境损害系数。

（8）社会福利。社会福利包括供应链收益、政府收益及消费者剩余之和与环境损害成本之差。

（9）碳配额。碳配额分配方法采用基准法，即分配给单位产品有限的碳配额，假设生产商初始单位产品碳排放为已知，并为常数，由于碳配额与生产商初始单位产品碳排放有关，因此消费者低碳偏好不影响碳配额的分配。

第三节 模型一：碳税机制下社会福利模型

碳税机制下，政府与生产商之间构成 Stackelberg 两阶段博弈关系。第一阶段为政府制定碳税阶段，政府制定碳税税率 p_t 实现整个系统的社会福利最优，根据假设条件，社会福利函数构建思路如下。

生产商收益为

$$\pi_m=(c-v-f)(a+ke_m)-\frac{1}{2}\gamma_m e_m^2-(x_m-e_m)(a+ke_m)p_t \tag{5-1}$$

其中，$(x_m-e_m)(a+ke_m)p_t$ 表示生产商碳排放所缴纳的碳税费用。

零售商收益为

$$\pi_r=(p-c)(a+ke_m) \tag{5-2}$$

政府收益用生产商缴纳的碳税费用来表示

$$\pi_g=(x_m-e_m)(a+ke_m)p_t \tag{5-3}$$

消费者剩余

$$s_c=ke_m(a+ke_m) \tag{5-4}$$

环境损害成本

$$h_m=\delta_0(x_m-e_m)(a+ke_m) \tag{5-5}$$

因此，社会福利表示为

$$W_g=(a+ke_m)^2-(a+v+f-p)(a+ke_m)-\frac{1}{2}\gamma_m e_m^2-\delta_0(x_m-e_m)(a+ke_m) \tag{5-6}$$

第二阶段生产商进行减排决策以实现自身收益最优,在政府和消费者的驱动下,供应链中生产商需要联合下游零售商制定减排契约(e_m,t),即生产商通过努力减排e_m获得更高的需求,零售商收益也会相应地增加,零售商需要向生产商转移支付t以弥补生产商减排所付出的成本。因此,政府和生产商的策略组合表示为(p_t,e_m,t),求解过程按照逆向求解原则,先对第二阶段进行分析,以下分别以对称信息和非对称信息为前提对生产商减排策略进行研究。

一、对称信息模型

对称信息下,生产商能够完全观察到消费者类型,零售商无法隐匿消费者偏好信息,政府根据不同类型消费者制定碳税政策。此时,政府和生产商提供策略为$(p_{ti},e_{mi},t_i)(i=L,H)$,在生产商减排契约制定中,生产商并不需要设定激励相容约束条件,仅需要保证零售商参与到该减排行动中即可。按照逆向求解原则,分析过程如下。

(一)第二阶段:生产商制定减排契约

此阶段生产商制定的减排契约为(e_{mi},t_i),因此生产商收益优化问题表示为

$$\max_{(e_{mi},t_i)} \pi_{mi}^S = t_i + (c-f-v)(a+k_ie_{mi}) - \frac{1}{2}\gamma_m e_{mi}^2 - p_{ti}(x_m - e_{mi})(a+k_ie_{mi}) \quad (5-7)$$

$$\text{s.t.} \quad (p-c)(a+k_ie_{mi}) - t_i \geq 0 \quad (5-8)$$

其中,上标S表示对称信息;式(5-8)表示零售商参与约束条件,即零售商所获得的收益至少等于其保留收益。取式(5-8)为等号,即

$$t_i = (p-c)(a+k_ie_{mi}) \quad (5-9)$$

将式(5-9)回代目标函数中,此时生产商收益优化问题重新表示为

$$\max_{(e_{mi},t_i)} \pi_{mi}^S = (p-c)(a+k_ie_{mi}) + (c-f-v)(a+k_ie_{mi}) \\ -\frac{1}{2}\gamma_m e_{mi}^2 - p_{ti}(x_m - e_{mi})(a+k_ie_{mi}) \quad (5-10)$$

根据$\frac{\partial^2 \pi_{mi}^S}{\partial e_{mi}^2}<0$和$\frac{\partial \pi_{mi}^S}{\partial e_{mi}}=0$,可以得到当满足条件$\gamma_m - 2k_ip_{ti}>0$时,生产商最优减排契约如表5-1所示。

表 5-1　对称信息下生产商最优减排契约

最优策略	L 型消费者	H 型消费者
e_m^{*S}	$\dfrac{F_L + F_{2L} p_{tL}^{*S}}{\gamma_m - 2k_L p_{tL}^{*S}}$	$\dfrac{F_H + F_{2H} p_{tH}^{*S}}{\gamma_m - 2k_H p_{tH}^{*S}}$
t^{*S}	$(p-c)\left(a + k_L e_{mL}^{*S}\right)$	$(p-c)\left(a + k_H e_{mH}^{*S}\right)$

注：$F_i = k_i(p - v - f)$，$F_{2i} = a - k_i x_m (i = L, H)$

其中，p_{tL}^{*S} 和 p_{tH}^{*S} 分别表示政府针对 L 型和 H 型消费者制定的最优碳税税率，将在第一阶段进行求解。

（二）第一阶段：政府制定碳税税率

政府制定与消费者类型相对应的碳税税率 $p_{ti}(i = L, H)$ 使得社会福利最优，此时社会福利优化问题表示为

$$\max_{p_{ti}} W_{gi}^S = \left(a + k_i e_{mi}^{*S}(p_{ti})\right)^2 - (a + v + f - p)\left(a + k_i e_{mi}^{*S}(p_{ti})\right) \\ - \frac{1}{2} \gamma_m e_{mi}^{*S}(p_{ti})^2 - \delta_0 \left(x_m - e_{mi}^{*S}(p_{ti})\right)\left(a + k_i e_{mi}^{*S}(p_{ti})\right) \quad (5\text{-}11)$$

由 $\dfrac{\partial W_{gi}^S}{\partial p_{ti}} = 0$ 可以得到

$$2\left(a + k_i e_{mi}^{*S}(p_t)\right)k_i - (a + v + f - p)k_i - \gamma_m e_{mi}^{*S}(p_t) \\ + \delta_0 \left(a + k_i e_{mi}^{*S}(p_t)\right) - \delta_0 \left(x_m - e_{mi}^{*S}(p_t)\right)k_i = 0 \quad (5\text{-}12)$$

将 e_{mi}^{*S} 代入式（5-12），根据 $\dfrac{\partial^2 W_{gi}^S}{\partial p_{ti}^2} < 0$ 和 $\dfrac{\partial W_{gi}^S}{\partial p_{ti}} = 0$，可以得到当满足条件 $\gamma_m - 2k_i^2 - 2k_i \delta_0 > 0$ 时，政府制定的最优碳税税率为

$$p_{ti}^{*S} = \frac{F_{3i} \gamma_m - F_i F_{4i}}{F_{4i} F_{2i} + 2k_i F_{3i}} \quad (5\text{-}13)$$

其中，$F_{3i} = (a - v - f + p)k_i + (a - k_i x_m)\delta_0$，$F_{4i} = \gamma_m - 2k_i^2 - 2k_i \delta_0$。

定理 5.1　对称信息下，生产商设计减排契约使得零售商仅获得保留收益。

根据参与约束条件，生产商了解市场中消费者类型，零售商没有隐匿消费者类型的可能，因此无论消费者是 L 型还是 H 型，生产商仅通过参与约束条件而不需要激励相容约束条件即可使得自身收益最优，直到零售商收益等于保留收益为止。

二、非对称信息模型

非对称信息下,政府和生产商均不清楚市场中消费者类型,此时政府制定一组碳税税率 $\{p_{tL}, p_{tH}\}$ 实现社会福利最优。其中 p_{tL} 作用于 L 型消费者对应下的生产商,实施概率为 P_m,p_{tH} 作用于 H 型消费者对应下的生产商,实施概率为 $1-P_m$。生产商制定一组减排契约为 $\{(e_{mL}, t_L), (e_{mH}, t_H)\}$,使得 L 型零售商选择 (e_{mL}, t_L),H 型零售商选择 (e_{mH}, t_H)。因此,非对称信息下政府和生产商的策略集表示为 $\{(p_{tL}, e_{mL}, t_L), (p_{tH}, e_{mH}, t_H)\}$,按照逆向求解原则,具体分析过程如下。

(一)第二阶段:生产商制定减排契约

生产商制定一组减排契约 $\{(e_{mL}, t_L), (e_{mH}, t_H)\}$ 甄别零售商类型以获取消费者偏好信息,此时生产商收益优化问题表示为

$$\max_{\{(e_{mL}, t_L),(e_{mH}, t_H)\}} \pi_m^A$$
$$= P_m \left(t_L + (c-v-f)(a+k_L e_{mL}) - \frac{1}{2}\gamma_m e_{mL}^2 - p_{tL}(x_m - e_{mL})(a+k_L e_{mL}) \right)$$
$$+ (1-P_m) \left(t_H + (c-v-f)(a+k_H e_{mH}) - \frac{1}{2}\gamma_m e_{mH}^2 - p_{tH}(x_m - e_{mH})(a+k_H e_{mH}) \right)$$
(5-14)

$$\text{s.t.} \quad (p-c)(a+k_L e_{mL}) - t_L \geq 0 \tag{5-15}$$

$$(p-c)(a+k_H e_{mH}) - t_H \geq 0 \tag{5-16}$$

$$(p-c)(a+k_L e_{mL}) - t_L \geq (p-c)(a+k_L e_{mH}) - t_H \tag{5-17}$$

$$(p-c)(a+k_H e_{mH}) - t_H \geq (p-c)(a+k_H e_{mL}) - t_L \tag{5-18}$$

其中,上标 A 表示非对称信息;式(5-15)和式(5-16)表示零售商参与约束条件;式(5-17)和式(5-18)表示零售商的激励相容约束条件。由于 H 型零售商会有谎称自己是 L 型零售商以获得额外收益的情况存在,易知式(5-15)和式(5-18)一定取等号,此时生产商得到的转移支付为

$$t_L = (p-c)(a+k_L e_{mL}) \tag{5-19}$$

$$t_H = (p-c)((a+k_H e_{mH}) - (k_H - k_L)e_{mL}) \tag{5-20}$$

将式(5-19)和式(5-20)回代式(5-14),生产商收益优化问题可以重新表示为

$$\max_{\{(e_{mL},t_L),(e_{mH},t_H)\}} \pi_m^A$$

$$= P_m\left((p-v-f)(a+k_Le_{mL}) - \frac{1}{2}\gamma_m e_{mL}^2 - p_{tL}(x_m-e_{mL})(a+k_Le_{mL})\right)$$

$$+ (1-P_m)\left((p-v-f)(a+k_He_{mH}) - \frac{1}{2}\gamma_m e_{mH}^2 - p_{tH}(x_m-e_{mH})(a+k_He_{mH})\right) \quad (5\text{-}21)$$

$$- (1-P_m)(p-c)(k_H-k_L)e_{mL}$$

根据 $\dfrac{\partial^2 \pi_m^A}{\partial e_{mi}^2} < 0$ 和 $\dfrac{\partial \pi_m^A}{\partial e_{mi}} = 0$ 可以得到，当各参数满足条件 $\gamma_m - 2k_ip_{ti} > 0$ 时生产商最优减排契约如表 5-2 所示。

表 5-2 非对称信息下生产商最优减排契约

最优策略	L 型消费者	H 型消费者
e_m^{*A}	$\dfrac{F_{5LH}/P_m + F_{2L}p_{tL}^{*A}}{\gamma_m - 2k_Lp_{tL}^{*A}}$	$\dfrac{F_H + F_{2H}p_{tH}^{*A}}{\gamma_m - 2k_Hp_{tH}^{*A}}$
t^{*A}	$(p-c)(a+k_Le_{mL}^{*A})$	$(p-c)(a+k_He_{mH}^{*A} - (k_H-k_L)e_{mH}^{*A})$

注：$F_{5LH} = P_mk_L(c-f-v) + P_mk_H(p-c) - (p-c)(k_H-k_L)$

表 5-2 中，p_{tL}^{*A} 和 p_{tH}^{*A} 分别表示非对称信息下针对 L 型和 H 型消费者政府制定的最优碳税税率，将在第一阶段进行求解。

（二）第一阶段：政府制定碳税税率

政府制定一组碳税税率 $\{p_{tL}, p_{tH}\}$ 使得社会福利最优，此时社会福利优化问题表示为

$$\max_{\{p_{tL},p_{tH}\}} W_g^A$$

$$= P_m\left((a+k_Le_{mL}^{*A}(p_{tL}))^2 - (a+v+f-p)(a+k_Le_{mL}^{*A}(p_{tL})) - \frac{1}{2}\gamma_m e_{mL}^{*A}(p_{tL})^2\right.$$

$$\left. - \delta_0(x_m - e_{mL}^{*A}(p_{tL}))(a+k_Le_{mL}^{*A}(p_{tL}))\right) + (1-P_m)\left((a+k_He_{mH}^{*A}(p_{tH}))^2\right.$$

$$- (a+v+f-p)(a+k_He_{mH}^{*A}(p_{tH})) - \frac{1}{2}\gamma_m e_{mH}^{*A}(p_{tH})^2$$

$$\left. - \delta_0(x_m - e_{mH}^{*A}(p_{tH}))(a+k_He_{mH}^{*A}(p_{tH}))\right)$$

$$\tag{5-22}$$

根据 $\dfrac{\partial^2 W_g^S}{\partial p_{ti}^2} < 0$ 和 $\dfrac{\partial W_g^S}{\partial p_{ti}} = 0$，可以得到当满足条件 $\gamma_m - 2k_i^2 - 2k_i\delta_0 > 0$ 时，L 型和 H 型消费者对应的最优碳税税率分别为

$$p_{tL}^{*A} = \frac{F_{3L}\gamma_m - F_{4L}F_{5LH}/P_m}{F_{4L}F_{2L} + 2k_L F_{3L}} \tag{5-23}$$

$$p_{tH}^{*A} = \frac{F_{3H}\gamma_m - F_H F_{4H}}{F_{4H}F_{2H} + 2k_H F_{3H}} \tag{5-24}$$

其中，$F_{3i} = (a-v-f+p)k_i + (a-k_i x_m)\delta_0$，$F_{4i} = \gamma_m - 2k_i^2 - 2k_i\delta_0 (i=L,H)$。

定理 5.2 非对称信息下，L 型零售商只能获得保留收益，而 H 型零售商获得额外的收益 $(p-c)(k_H - k_L)e_{mL}^{*A}$。

证明 生产商减排下，由于式（5-15）取等号，因此 L 型零售商只获得保留收益，由于 H 型零售商始终有谎称 L 型零售商的积极性，此时 H 型零售商的收益表示为

$$(p-c)(a+k_H e_{mL}^{*A}) - t_L = (p-c)(a+k_L e_{mL}^{*A}) - t_L + (p-c)(k_H - k_L)e_{mL}^{*A}$$

其中，$(p-c)(a+k_L e_{mL}^{*A}) - t_L$ 表示 L 型零售商获得的收益，等于保留收益；$(p-c)(k_H - k_L)e_{mL}^{*A}$ 表示由信息不对称造成的生产商收益的损失，也就是生产商支付给 H 型零售商的信息租金。证毕。

由定理 5.2 可知，生产商支付给 H 型零售商的信息租金是确保 H 型生产商能够真实披露消费者的偏好信息的费用。

定理 5.3 非对称信息下，针对 L 型消费者，生产商最优减排量 e_{mL}^{*A} 与其出现概率 P_m 负相关，针对 H 型消费者，生产商最优减排量 e_{mH}^{*A} 与其出现的概率 $1-P_m$ 无关。

证明 由 $p_{tL}^{*A} = \dfrac{F_{3L}\gamma_m - F_{4L}F_{5LH}/P_m}{F_{4L}F_{2L} + 2k_L F_{3L}}$ 可以得到，p_{tL}^{*A} 是关于 P_m 的减函数，因此根据 $e_{mL}^{*A} = \dfrac{F_{5LH}/P_m + F_{2L}p_{tL}^{*A}}{\gamma_m - 2k_L p_{tL}^{*A}}$，$e_{mL}^{*A}$ 与 P_m 负相关，而对于 $p_{tH}^{*A} = \dfrac{F_{3H}\gamma_m - F_H F_{4H}}{F_{4H}F_{2H} + 2k_H F_{3H}}$ 和 $e_{mH}^{*A} = \dfrac{F_H + F_{2H}p_{tH}^{*A}}{\gamma_m - 2k_H p_{tH}^{*A}}$ 可以得到，e_{mH}^{*A} 与 P_m 无关。证毕。

由定理 5.3 可知，当 L 型消费者出现概率越大，H 型消费者模仿 L 型的积极

性也就越高，生产商为了防止 H 型零售商谎报消费者类型的情况发生，需要支付给 H 型零售商更高的信息租金，而付出的代价就是降低对 L 型消费者的减排量。

三、非对称信息与对称信息模型中策略比较

以下对非对称信息和对称信息下的最优策略 $\left(p_{ti}^{*}, e_{mi}^{*}, t_{i}^{*}\right)$ 进行比较，进一步研究基于社会福利最优的碳税对生产商减排策略的影响。

（一）最优碳税税率比较

对非对称信息下最优碳税税率 p_{tL}^{*A} 和对称信息下最优碳税税率 p_{tL}^{*S} 进行比较，可以得到定理 5.4。

定理 5.4 非对称信息与对称信息下相比，$p_{tL}^{*A} > p_{tL}^{*S}$，$p_{tH}^{*A} = p_{tH}^{*S}$。

证明 由于 $\dfrac{F_{5LH}}{P_m} = \dfrac{P_m k_L (c-f-v) + P_m k_H (p-c) - (p-c)(k_H - k_L)}{P_m} < F_L = k_L(p-v-f)$，因此可以得到 $p_{tL}^{*A} > p_{tL}^{*S}$，进一步由 p_{tH}^{*A} 和 p_{tH}^{*S} 的表达式，可以推出 $p_{tH}^{*A} = p_{tH}^{*S}$。证毕。

定理 5.4 给出了非对称信息对政府针对不同类型消费者制定碳税政策的影响。可知当市场中消费者为 L 型时，政府提高了对生产商征收的碳税税率，并且消费者低碳偏好之间的差距越大，非对称信息下政府针对 L 型消费者实施的碳税税率大于对称信息下碳税税率的程度也越大；当市场中消费者为 H 型时，对称信息与非对称信息下政府碳税没有变化，这说明非对称信息只对 L 型消费者对应的碳税税率造成影响。

（二）最优减排契约比较

将非对称信息下生产商的最优减排契约 $\left(e_{mL}^{*A}, t_{L}^{*A}\right)$ 与对称信息下最优减排契约 $\left(e_{mL}^{*S}, t_{L}^{*S}\right)$ 进行比较，可以得到定理 5.5。

定理 5.5 非对称信息与对称信息下相比：

（1）针对 L 型消费者，当 $2k_L\left(p_{tL}^{*A} F_L - p_{tL}^{*S} \dfrac{F_{5LH}}{P_m}\right) + F_{2L}\gamma_m\left(p_{tL}^{*A} - p_{tL}^{*S}\right) \geq \left(F_L - \dfrac{F_{5LH}}{P_m}\right)\gamma_m$ 时，$e_{mL}^{*A} \geq e_{mL}^{*S}$，$t_L^{*A} \geq t_L^{*S}$，否则 $e_{mL}^{*A} < e_{mL}^{*S}$，$t_L^{*A} < t_L^{*S}$。

（2）针对 H 型消费者，始终有 $e_{mH}^{*A} = e_{mH}^{*S}$，$t_H^{*A} < t_H^{*S}$。

证明 针对 L 型消费者，非对称信息和对称信息下生产商最优减排量之差为

$$e_{mL}^{*A} - e_{mL}^{*S} = \frac{F_{5LH}/P_m + F_{2L}p_{tL}^{*A}}{\gamma_m - 2k_L p_{tL}^{*A}} - \frac{F_L + F_{2L}p_{tL}^{*S}}{\gamma_m - 2k_L p_{tL}^{*S}}$$

$$= \frac{(F_{5LH}/P_m - F_L)\gamma_m + 2k_L(p_{tL}^{*A}F_L - p_{tL}^{*S}F_{5LH}/P_m) + F_{2L}\gamma_m(p_{tL}^{*A} - p_{tL}^{*S})}{(\gamma_m - 2k_L p_{tL}^{*A})(\gamma_m - 2k_L p_{tL}^{*S})}$$

由于 $(\gamma_m - 2k_L p_{tL}^{*A})(\gamma_m - 2k_L p_{tL}^{*S}) > 0$，可以得到影响 e_{mL}^{*A} 和 e_{mL}^{*S} 大小的条件。证毕。

定理 5.5 比较了非对称信息下和对称信息下政府碳税对生产商最优减排契约的影响。对于 H 型消费者，生产商最优减排量保持不变，而零售商给生产商的转移支付减小，这主要是由生产商需要支付给 H 型零售商额外的信息租金造成的，且消费者低碳偏好之间差距的大小决定着生产商支付给 H 型零售商信息租金的大小。对于 L 型消费者，尽管 $p_{tL}^{*A} > p_{tL}^{*S}$，但是 e_{mL}^{*A} 并不一定大于 e_{mL}^{*S}，生产商会综合考虑 p_{tL}^{*S} 与 p_{tL}^{*A} 及 k_L 与 k_H 之间的差异程度来决定非对称信息下的减排策略：当 k_L 与 k_H 之间差距较大时，p_{tL}^{*A} 大于 p_{tL}^{*S} 的程度也较大，并且生产商支付给 H 型零售商的信息租金较大，直到 $2k_L\left(p_{tL}^{*A}F_L - p_{tL}^{*S}\frac{F_{5LH}}{P_m}\right) + F_{2L}\gamma_m\left(p_{tL}^{*A} - p_{tL}^{*S}\right) > \left(F_L - \frac{F_{5LH}}{P_m}\right)\gamma_m$，此时 $e_{mL}^{*A} > e_{mL}^{*S}$；当 k_L 与 k_H 之间差距较小时，p_{tL}^{*A} 大于 p_{tL}^{*S} 的程度也较小，并且生产商支付给 H 型零售商的信息租金较小，直到 $2k_L\left(p_{tL}^{*A}F_L - p_{tL}^{*S}\frac{F_{5LH}}{P_m}\right) + F_{2L}\gamma_m\left(p_{tL}^{*A} - p_{tL}^{*S}\right) < \left(F_L - \frac{F_{5LH}}{P_m}\right)\gamma_m$，此时 $e_{mL}^{*A} < e_{mL}^{*S}$。

第四节 模型二：复合减排机制下社会福利模型

当同时考虑碳税和碳交易政策时，需要研究碳税税率和碳交易价格之间的关系。根据碳配额分配方法，政府分配给生产商单位产品的碳配额 C_1 与单位产品初始碳排放相关，碳交易价格 p_c 由碳交易市场决定，与消费者偏好信息无关。生产商在严格的碳配额 C_1 和碳税税率约束下进行减排活动，同时生产商比较单位产品实际碳排放与 C_1 的大小，在碳交易市场中进行碳配额交易，因此生产商收益为

$$\begin{aligned}\pi_m = &(c-v-f)(a+ke_m) - \frac{1}{2}\gamma_m e_m^2 - p_t(x_m - e_m)(a+ke_m) \\ &- p_c(x_m - e_m - C_1)(a+ke_m)\end{aligned} \quad (5\text{-}25)$$

其中，$p_c(x_m - e_m - C_1)(a+ke_m)$ 表示生产商在碳交易市场中进行配额交易的费用，

当 $x_m - e_m - C_1 > 0$ 时，生产商生产单位产品需要购买 $x_m - e_m - C_1$ 单位碳配额，当 $x_m - e_m - C_1 < 0$ 时，生产商售出 $C_1 - x_m + e_m$ 单位碳配额，当 $x_m - e_m - C_1 = 0$ 时，不进行碳配额交易，此时社会福利构建过程同模型一。复合减排机制下，社会福利函数如下：

$$\begin{aligned} W_g = & (a+ke_m)^2 - (a+v+f-p)(a+ke_m) - \frac{1}{2}\gamma_m e_m^2 \\ & - \delta_0(x_m - e_m)(a+ke_m) - p_c(x_m - e_m - C_1)(a+ke_m) \end{aligned} \tag{5-26}$$

政府和生产商的策略集合仍可以表示为 (p_t, e_m, t)，以下分别以对称信息和非对称信息为前提对碳税联合碳交易复合型减排机制和消费者共同驱动下生产商的减排策略进行研究。

一、对称信息模型

对称信息下，生产商能够完全观察到消费者类型，政府和生产商提供策略 $(p_{ti}, e_{mi}, t_i)(i=L,H)$，与模型一中的解法相同，按照逆向求解原则，先从第二阶段开始求解。

（一）第二阶段：生产商制定减排契约

生产商收益优化问题表示为

$$\begin{aligned} \max_{(e_{mi},t_i)} \pi_{mi}^{TS} = & t_i + (c-f-v)(a+k_i e_{mi}) - \frac{1}{2}\gamma_m e_{mi}^2 \\ & - p_{ti}(x_m - e_{mi})(a+k_i e_{mi}) - p_c(x_m - e_{mi} - C_1)(a+k_i e_{mi}) \end{aligned} \tag{5-27}$$

$$\text{s.t.} \ (p-c)(a+k_i e_{mi}) - t_{ri} \geq 0 \tag{5-28}$$

其中，上标 TS 表示考虑碳交易政策时对称信息下，根据模型一分析思路，取式（5-28）参与约束条件为等号，对称信息下生产商收益优化问题重新表示为

$$\begin{aligned} \max_{(e_{mi},t_i)} \pi_{mi}^{TS} = & (p-c)(a+k_i e_{mi}) + (c-f-v)(a+k_i e_{mi}) - \frac{1}{2}\gamma_m e_{mi}^2 \\ & - p_{ti}(x_m - e_{mi})(a+k_i e_{mi}) - p_c(x_m - e_{mi} - C_1)(a+k_i e_{mi}) \end{aligned} \tag{5-29}$$

根据 $\frac{\partial^2 \pi_{mi}^{TS}}{\partial e_{mi}^2} < 0$ 和 $\frac{\partial \pi_{mi}^{TS}}{\partial e_{mi}} = 0$，可以得到当满足条件 $\gamma_m - 2k_i(p_{ti}+p_c) > 0$ 时，复合型减排政策下生产商最优减排契约如表 5-3 所示。

表 5-3 对称信息下生产商最优减排契约

最优策略	L 型消费者	H 型消费者
e_m^{*TS}	$\dfrac{F_L + F_{2L}\left(p_c + p_{tL}^{*TS}\right) + C_1 k_L p_c}{\gamma_m - 2k_L\left(p_c + p_{tL}^{*TS}\right)}$	$\dfrac{F_H + F_{2H}\left(p_c + p_{tH}^{*TS}\right) + C_1 k_H p_c}{\gamma_m - 2k_H\left(p_c + p_{tH}^{*TS}\right)}$
t^{*TS}	$(p-c)\left(a + k_L e_{mL}^{*TS}\right)$	$(p-c)\left(a + k_H e_{mH}^{*TS}\right)$

表 5-3 中，p_{tL}^{*TS} 和 p_{tH}^{*TS} 分别表示考虑碳交易政策时对称信息下政府针 L 型和 H 型消费者制定的最优碳税税率。

定理 5.6 对称信息下，生产商最优减排量和得到的最优转移支付均与碳配额和碳交易价格呈正相关关系。

证明 由表 5-3 易得。

由定理 5.6 可以看出，政府提高碳配额可以促进生产商更加努力地减排，但是过高的碳配额会造成市场失灵，而碳交易价格的上升对生产商减排有更好的促进效果，因此政府应该通过调整碳交易价格来影响生产商减排行为。

（二）第一阶段：政府制定碳税税率

政府针对不同消费者类型制定碳税税率，同时分配给生产商单位产品适宜的碳配额，此时社会福利优化问题表示为

$$\max_{p_{ti}} W_{gi}^{TS} = \left(a + k_i e_{mi}^{*TS}(p_{ti})\right)^2 - (a + v + f - p)\left(a + k_i e_{mi}^{*TS}(p_{ti})\right) \\ - \frac{1}{2}\gamma_m e_{mi}^{*TS}(p_{ti})^2 - p_c\left(x_m - C_1 - e_{mi}^{*TS}(p_{ti})\right)\left(a + k_i e_{mi}^{*TS}(p_{ti})\right) \\ - \delta_0\left(x_m - e_{mi}^{*TS}(p_{ti})\right)\left(a + k_i e_{mi}^{*TS}(p_{ti})\right) \quad (5-30)$$

由 $\dfrac{\partial W_{gi}^{TS}}{\partial p_{ti}} = 0$ 可以得到

$$2\left(a + k_i e_{mi}^{*TS}(p_{ti})\right)k_i - (a + v + f - p)k_i - \gamma_m e_{mi}^{*TS}(p_{ti}) \\ + (p_c + \delta_0)\left(a + k_i e_{mi}^{*TS}(p_{ti})\right) - (p_c + \delta_0)\left(x_m - e_{mi}^{*TS}(p_{ti})\right)k_i + p_c C_1 k_i = 0 \quad (5-31)$$

由 $\dfrac{\partial^2 W_{gi}^{TS}}{\partial p_{ti}^2} < 0$ 可以得到当各参数满足条件 $\gamma_m - 2k_i^2 - 2k_i\delta_0 > 0$ 时，使得社会福利最优的碳税税率表示为

$$p_{ti}^{*\text{TS}} = \frac{F_{3i}\gamma_m - F_iF_{4i} - (C_1F_{4i}k_i - C_1k_i\gamma_m + F_{2i}F_{4i} - 2F_{2i}\gamma_m + 2F_{3i}k_i - 2F_ik_i)p_c}{2C_1k_i^2 p_c + F_{2i}F_{4i} + 2k_iF_{3i}} \quad (5\text{-}32)$$

二、非对称信息模型

非对称信息下，政府和生产商均不知道市场消费者类型，而零售商知道，此时政府和生产商制定一组策略为 $\{(p_{tL},e_{mL},t_L),(p_{tH},e_{mH},t_H)\}$，按照逆向求解原则，具体分析过程如下。

（一）第二阶段：生产商制定减排契约

非对称信息下，生产商设定一组减排契约 $\{(e_{mL},t),(e_{mH},t)\}$，生产商收益优化问题表示为

$$\begin{aligned}\max_{\{(e_{mL},t),(e_{mH},t)\}} \pi_m^{\text{TA}} = &P_m\Big(t_L + (c-v-f)(a+k_Le_{mL}) - \frac{1}{2}\gamma_m e_{mL}^2 \\ &- (p_c+p_{tL})(x_m-e_{mL})(a+k_Le_{mL}) + p_cC_1(a+k_Le_{mL})\Big) \\ &+ (1-P_m)\Big(t_H + (c-v-f)(a+k_He_{mH}) - \frac{1}{2}\gamma_m e_{mH}^2 \\ &- (p_c+p_{tH})(x_m-e_{mH})(a+k_He_{mH}) + p_cC_1(a+k_He_{mH})\Big)\end{aligned} \quad (5\text{-}33)$$

s.t.
$$(p-c)(a+k_Le_{mL}) - t_L \geqslant 0 \quad (5\text{-}34)$$
$$(p-c)(a+k_He_{mH}) - t_H \geqslant 0 \quad (5\text{-}35)$$
$$(p-c)(a+k_Le_{mL}) - t_L \geqslant (p-c)(a+k_Le_{mH}) - t_H \quad (5\text{-}36)$$
$$(p-c)(a+k_He_{mH}) - t_H \geqslant (p-c)(a+k_He_{mL}) - t_L \quad (5\text{-}37)$$

与模型一分析思路相同，生产商收益优化问题重新表示为

$$\begin{aligned}\max_{\{(e_{mL},t_L),(e_{mH},t_H)\}} \pi_m^{\text{TA}} = &P_m\Big((p-v-f)(a+k_Le_{mL}) - \frac{1}{2}\gamma_m e_{mL}^2 \\ &- (p_c+p_{tL})(x_m-e_{mL})(a+k_Le_{mL}) + p_cC_1(a+k_Le_{mL})\Big) \\ &+ (1-P_m)\Big((p-v-f)(a+k_He_{mH}) - (p-c)(k_H-k_L)e_{mL} - \frac{1}{2}\gamma_m e_{mH}^2 \\ &- (p_c+p_{tH})(x_m-e_{mH})(a+k_He_{mH}) + p_cC_1(a+k_He_{mH})\Big)\end{aligned}$$

$$(5\text{-}38)$$

根据 $\dfrac{\partial^2 \pi_{mi}^{TA}}{\partial e_{mi}^2} < 0$ 和 $\dfrac{\partial \pi_{mi}^{TA}}{\partial e_{mi}} = 0$ 可以得到当满足条件 $\gamma_m - 2k_i(p_{ti} + p_c) > 0$ 时，生产商最优减排契约如表 5-4 所示。

表 5-4 非对称信息下生产商最优减排契约

最优策略	L 型消费者	H 型消费者
e_m^{*TA}	$\dfrac{F_{5LH}/P_m + F_{2L}\left(p_c + p_{tL}^{*TA}\right) + C_1 k_L p_c}{\gamma_m - 2k_L\left(p_c + p_{tL}^{*TA}\right)}$	$\dfrac{F_H + F_{2H}\left(p_c + p_{tH}^{*A}\right) + C_1 k_H p_c}{\gamma_m - 2k_H\left(p_c + p_{tH}^{*A}\right)}$
t^{*TA}	$(p-c)\left(a + k_L e_{mL}^{*TA}\right)$	$(p-c)\left(a + k_H e_{mH}^{*TA} - (k_H - k_L)e_{mL}^{*TA}\right)$

定理 5.7 非对称信息下，生产商最优减排量和得到的最优转移支付均与碳配额和碳交易价格呈正相关关系。

定理 5.7 与对称信息下得到的结论一致。无论消费者是否隐匿低碳偏好信息，碳交易价格和碳配额均是影响生产商减排量的重要因素，同时可以进一步看到，市场碳交易价格越高，无论生产商碳配额是否剩余，生产商均会努力减排。

（二）第一阶段：政府制定碳税

同理，第一阶段中政府针对 L 型和 H 型消费者实施碳税税率分别为 p_{tL} 和 p_{tH}，因此政府设定一组碳税 $\{p_{tL}, p_{tH}\}$，此时生产商在碳税和碳交易政策共同作用下进行减排，社会福利优化问题表示为

$$\begin{aligned}
\max_{\{p_{tL}, p_{tH}\}} W_g^{TA} &= P_m\bigg(\left(a + k_L e_{mL}^{*TA}(p_{tL})\right)^2 - (a + v + f - p)\left(a + k_L e_{mL}^{*TA}(p_{tL})\right) - \tfrac{1}{2}\gamma_m e_{mL}^{*TA}(p_{tL})^2 \\
&\quad - (p_c + \delta_0)\left(x_m - e_{mL}^{*TA}(p_{tL})\right)\left(a + k_L e_{mL}^{*TA}(p_{tL})\right) + p_c C_1\left(a + k_L e_{mL}^{*TA}(p_{tL})\right)\bigg) \\
&\quad + (1 - P_m)\bigg(\left(a + k_H e_{mH}^{*TA}(p_{tH})\right)^2 - (a + v + f - p)\left(a + k_H e_{mH}^{*TA}(p_{tH})\right) - \tfrac{1}{2}\gamma_m e_{mH}^{*TA}(p_{tH})^2 \\
&\quad - (p_c + \delta_0)\left(x_m - e_{mH}^{*TA}(p_{tH})\right)\left(a + k_H e_{mH}^{*TA}(p_{tH})\right) + p_c C_1\left(a + k_H e_{mH}^{*TA}(p_{tH})\right)\bigg)
\end{aligned}$$

（5-39）

由 $\dfrac{\partial W_g^{TA}}{\partial p_{tL}} = 0$ 和 $\dfrac{\partial W_g^{TA}}{\partial p_{tH}} = 0$ 分别可以得到

$$\begin{aligned}
& 2\left(a + k_L e_{mL}^{*TA}(p_{tL})\right)k_L - (a + v + f - p)k_L - \gamma_m e_{mL}^{*TA}(p_{tL}) \\
& + (p_c + \delta_0)\left(a + k_L e_{mL}^{*TA}(p_{tL})\right) - (p_c + \delta_0)\left(x_m - e_{mL}^{*TA}(p_{tL})\right)k_L + p_c C_1 k_L = 0
\end{aligned}$$

（5-40）

$$2\left(a+k_H e_{mH}^{*TA}(p_{tH})\right)k_L - (a+v+f-p)k_H - \gamma_m e_{mH}^{*TA}(p_{tH})$$
$$+ (p_c+\delta_0)\left(a+k_H e_{mH}^{*TA}(p_{tH})\right) - (p_c+\delta_0)\left(x_m - e_{mH}^{*TA}(p_{tH})\right)k_H + p_c C_1 k_H = 0$$

(5-41)

将 e_{mL}^{*TA} 和 e_{mH}^{*TA} 分别回代式（5-40）和式（5-41）可以得到碳税联合碳交易下政府最优碳税税率分别为

$$p_{tL}^{*TA}$$
$$= \frac{F_{3L}\gamma_m - F_{4L}F_{5LH}/P_m - (C_1 k_L F_{4L} - C_1 k_L \gamma_m + F_{2L}F_{4L} + 2F_{3L}k_L - 2F_{2L}\gamma_m - 2F_{5LH}/P_m k_L)p_c}{2C_1 k_L^2 p_c + F_{2L}F_{4L} + 2k_L F_{3L}}$$

(5-42)

$$p_{tH}^{*TA} = \frac{F_{3H}\gamma_m - F_H F_{4H} - (C_1 F_{4H} k_H - C_1 k_H \gamma_m + F_{2H}F_{4H} + 2F_{3H}k_H - 2F_{2H}\gamma_m - 2F_H k_H)p_c}{2C_1 k_H^2 p_c + F_{2H}F_{4H} + 2k_H F_{3H}}$$

(5-43)

令式（5-42）和式（5-43）中 $C_1 = p_c = 0$，可以得到 $p_{tL}^{*TA} = p_{tL}^{*A}$，$p_{tH}^{*TA} = p_{tH}^{*A}$，因此 $e_{mL}^{*TA} = e_{mL}^{*A}$，$e_{mH}^{*TA} = e_{mH}^{*A}$，$t_L^{*TA} = t_L^{*A}$，$t_H^{*TA} = t_H^{*A}$，对称信息下也能得到同样的结论。可知模型一是模型二的特殊情况，当然，在模型二中，政府通过碳交易价格、碳配额及碳税税率实现生产商有效减排和社会福利最优，灵活性更高，对于我国未来减排政策的制定和实施具有一定的借鉴意义。

三、非对称信息与对称信息模型中策略比较

以下对非对称信息和对称信息下最优策略 $\left(p_{ti}^*, e_{mi}^*, t_i^*\right)$ 进行比较，主要在模型一的基础上，研究复合减排机制下非对称信息对生产商减排策略的影响。

（一）最优碳税税率比较分析

对非对称信息和对称信息下最优碳税税率 p_{tL}^{*TA} 和 p_{tL}^{*TS} 进行比较，可以得到定理 5.8。

定理 5.8 非对称信息与对称信息相比：

（1）针对 L 型消费者，当 $p_c < \frac{1}{2k_L}\left(\gamma_m - 2k_L^2 - 2k_L\delta_0\right)$ 时，$p_{tL}^{*TS} < p_{tL}^{*TA}$，当 $p_c > \frac{1}{2k_L}\left(\gamma_m - 2k_L^2 - 2k_L\delta_0\right)$ 时，$p_{tL}^{*TS} > p_{tL}^{*TA}$，当 $p_c = \frac{1}{2k_L}\left(\gamma_m - 2k_L^2 - 2k_L\delta_0\right)$ 时，$p_{tL}^{*TS} =$

$p_{tL}^{*\mathrm{TA}}$。

（2）针对 H 型消费者，始终有 $p_{tH}^{*\mathrm{TS}} = p_{tH}^{*\mathrm{TA}}$。

证明　根据 $p_{tH}^{*\mathrm{TS}}$ 和 $p_{tH}^{*\mathrm{TA}}$ 表达式易得 $p_{tH}^{*\mathrm{TS}} = p_{tH}^{*\mathrm{TA}}$，由于 $\dfrac{\partial F_{5LH}}{\partial k_H} < 0$，因此 $\dfrac{F_{5LH}}{P_m} < F_L$，政府最优碳税可以重新表示为

$$p_{tL}^{*\mathrm{TA}} = \frac{F_{3L}\gamma_m - (C_1 F_{4L} k_L - C_1 k_L \gamma_m + F_{2L} F_{4L} + 2F_{3L} k_L - 2F_{2L} k_L) p_c + F_{5LH}/P_m (2k_L p_c - F_{4L})}{2C_1 k_L^2 p_c + F_{2L} F_{4L} + 2k_L F_{3L}}$$

$$p_{tL}^{*\mathrm{TS}} = \frac{F_{3L}\gamma_m - (C_1 F_{4L} k_L - C_1 k_L \gamma_m + F_{2L} F_{4L} + 2F_{3L} k_L - 2F_{2L} k_L) p_c + F_L (2k_L p_c - F_{4L})}{2C_1 k_L^2 p_c + F_{2L} F_{4L} + 2k_L F_{3L}}$$

比较式中 $F_{5LH}/P_m (2k_L p_c - F_{4L})$ 与 $F_L (2k_L p_c - F_{4L})$ 的大小，即可得到以上定理。证毕。

由定理 5.8 可知，针对 H 型消费者，无论是否考虑碳交易政策，非对称信息并不对最优碳税税率造成影响，针对 L 型消费者，非对称信息与对称信息下的碳税税率大小关系仅与碳交易价格有关，与碳配额大小无关，可见非对称信息仅对 L 型消费者对应的最优碳税税率造成影响。

（二）最优减排契约比较分析

在第一阶段政府碳税影响下，对非对称信息下生产商最优减排契约 $\left(e_{mL}^{*\mathrm{TA}}, t^{*\mathrm{TA}}\right)$ 与对称信息下最优减排契约 $\left(e_{mL}^{*\mathrm{TS}}, t^{*\mathrm{TS}}\right)$ 进行比较，可以得到定理 5.9。

定理 5.9　非对称信息与对称信息相比：

（1）针对 L 型消费者，当 $U_1 + V_1 p_c \geqslant 0$ 时，$e_{mL}^{*\mathrm{TA}} \geqslant e_{mL}^{*\mathrm{TS}}$，$t^{*\mathrm{TA}} \geqslant t^{*\mathrm{TS}}$，否则，$e_{mL}^{*\mathrm{TA}} < e_{mL}^{*\mathrm{TS}}$，$t^{*\mathrm{TA}} < t^{*\mathrm{TS}}$。其中，$U_1 = \gamma_m \left(\dfrac{F_{5LH}}{P_m} - F_L\right) + F_{2L}\gamma_m \left(p_{tL}^{*\mathrm{TA}} - p_{tL}^{*\mathrm{TS}}\right) - 2k_L \left(\dfrac{p_{tL}^{*\mathrm{TS}} F_{5LH}}{P_m} - F_L p_{tL}^{*\mathrm{TA}}\right)$，$V_1 = \left(2C_1 k_L^2 \left(p_{tL}^{*\mathrm{TA}} - p_{tL}^{*\mathrm{TS}}\right) + 2k_L \left(F_L - \dfrac{F_{5LH}}{P_m}\right)\right)$。

（2）针对 H 型消费者，始终有 $e_{mH}^{*\mathrm{TA}} = e_{mH}^{*\mathrm{TS}}$，$t^{*\mathrm{TA}} < t^{*\mathrm{TS}}$。

证明　由 $e_{mL}^{*\mathrm{TA}} - e_{mL}^{*\mathrm{TS}} = \dfrac{F_{5LH}/P_m + F_{2L}\left(p_c + p_{tL}^{*\mathrm{TA}}\right) + C_1 k_L p_c}{\gamma_m - 2k_L \left(p_c + p_{tL}^{*\mathrm{TA}}\right)} -$

$$\frac{F_L + F_{2L}(p_c + p_{tL}^{*TS}) + C_1 k_L p_c}{\gamma_m - 2k_L(p_c + p_{tL}^{*TS})}$$ 可以得到影响 e_{mL}^{*TA} 和 e_{mL}^{*TS} 及 t^{*TA} 和 t^{*TS} 大小的条件。

证毕。

由定理 5.9 可知，对于 H 型消费者，非对称信息与对称信息下生产商的最优减排量始终相等，并且非对称信息下零售商给生产商提供的最优转移支付始终小于对称信息下的值，这仍然与生产商需要支付给 H 型零售商的信息租金有关，但是对于 L 型消费者，造成减排量之间差异的原因不仅与 k_L 和 k_H 及 p_{tL}^{*TA} 和 p_{tL}^{*TS} 之间差异的程度有关，而且和碳交易价格 p_c 也有关。

第五节 数值算例

以上分析主要以社会福利最优为目标，研究了供应链中生产商在政府和消费者共同驱动下的减排策略。参照生产商在政府和消费者共同驱动下实际减排决策中各参数的大小关系，设定生产商单位产品初始碳排放 $x_m = 320$，L 型消费者概率为 $P_m = 0.4$，生产商减排成本系数为 $\gamma_m = 500$，消费者基本需求 $a = 1000$，生产商生产成本系数 $v = 15$，单位原材料成本 $f = 3$，产品批发价格 $c = 20$，L 型消费者低碳偏好 $k_L = 4.5$，H 型消费者低碳偏好 $k_H = 5$，环境损害系数 $\delta_0 = 2$。设定产品价格 $p = 8500$，政府为生产商分配碳配额时，为了避免碳配额过大造成的市场失灵，政府通常给生产商分配的碳配额小于初始碳排放量，在这里设定单位产品碳配额 $C_1 = 250 < x_m$，碳交易价格的变化区间设定为 $p_c = [10, 20]$，利用 MATLAB R2012a 软件编程进行数值计算。

一、最优策略

表 5-5 为仅有碳税政策时对称信息和非对称信息下的最优策略。对称信息下，H 型消费者对应的政府和生产商的最优策略均大于 L 型消费者下的值，说明当市场中消费者低碳偏好较高时政府会制定较高的碳税税率以满足消费者对高减排量产品的偏好。非对称信息下，政府提高了针对 L 型消费者的碳税税率，但是对生产商的减排量并没有影响，根据定理 5.5，这说明当最优碳税税率之间满足条件 $2k_L\left(p_{tL}^{*A}F_L - p_{tL}^{*S}\dfrac{F_{5LH}}{P_m}\right) + F_{2L}\gamma_m\left(p_{tL}^{*A} - p_{tL}^{*S}\right) = \left(F_L - \dfrac{F_{5LH}}{P_m}\right)\gamma_m$ 时，非对称信息下生产商仍然可以按照对称信息下的减排量进行决策，即非对称信息对生产商的减排量不造成影响，甚至当 $2k_L\left(p_{tL}^{*A}F_L - p_{tL}^{*S}\dfrac{F_{5LH}}{P_m}\right) + F_{2L}\gamma_m\left(p_{tL}^{*A} - p_{tL}^{*S}\right) > \left(F_L - \dfrac{F_{5LH}}{P_m}\right)\gamma_m$ 时，L

型消费者对应的生产商可以更加努力地减排,但是,H 型零售商对生产商的最优转移支付减小了,这主要是由生产商向 H 型零售商支付的信息租金造成的。

表 5-5　碳税政策下最优策略

信息状态	e_{mL}^*	t_L^*	e_{mH}^*	t_H^*	p_{tL}^*	p_{tH}^*
对称信息	94.652	$1.209×10^7$	107.465	$1.304×10^7$	22.233	23.855
非对称信息	94.652	$1.209×10^7$	107.465	$1.264×10^7$	37.675	23.855

表 5-6 为碳税联合碳交易机制下碳交易价格对最优策略的影响。无论信息对称与否,随着碳交易价格的增加,政府制定的碳税税率呈现减小趋势,而生产商最优减排量和得到的最优转移支付呈现增长趋势。当政府分配给生产商的碳配额小于初始碳排放时,碳交易价格与碳税税率之间呈现负相关关系,同时随着碳交易价格的提高,生产商会更加努力地减排。这具有一定的现实意义,针对中国目前存在的碳交易市场,若碳税和碳交易政策同时存在,当市场中碳交易价格波动时,政府可以通过调整碳税税率来进一步实现社会福利的优化,促进企业有效减排,这比单种减排政策灵活性更强。比较对称信息与非对称信息下政府针对 L 型消费者制定的最优碳税税率,可知 $p_{tL}^{*TA} > p_{tL}^{*TS}$,根据定理 5.9,可知 $p_c < \frac{1}{2k_L}(\gamma_m - 2k_L^2 - 2k_L\delta_0)$,但是生产商的最优减排量并没有发生变化。当满足条件 $U_1 + V_1 p_c = 0$ 时,非对称信息下生产商仍然可以按照对称信息下的减排量进行决策,即非对称信息对生产商的减排策略没有造成影响,甚至当 $U_1 + V_1 p_c > 0$ 时,L 型消费者对应的生产商最优减排量更高。比较对称信息与非对称信息下针对 L 型消费者的零售商最优转移支付,有 $t_H^{*TA} < t_H^{*TS}$,这仍然是由生产商向零售商支付额外的信息租金造成的。

表 5-6　碳税联合碳交易政策下最优策略

碳交易价格(P_c)	对称信息						非对称信息					
	e_{mL}^{*TS}	t_L^{*TS}	e_{mH}^{*TS}	t_H^{*TS}	p_{tL}^{*TS}	p_{tH}^{*TS}	e_{mL}^{*TA}	t_L^{*TA}	e_{mH}^{*TA}	t_H^{*TA}	p_{tL}^{*TA}	p_{tH}^{*TA}
10	138.38	$1.38×10^7$	159.73	$1.53×10^7$	14.55	15.02	138.38	$1.38×10^7$	159.73	$1.47×10^7$	22.44	15.02
11	144.01	$1.40×10^7$	166.75	$1.56×10^7$	14.07	14.49	144.01	$1.40×10^7$	166.75	$1.49×10^7$	21.50	14.49
12	149.95	$1.42×10^7$	174.23	$1.59×10^7$	13.62	14.00	149.95	$1.42×10^7$	174.23	$1.52×10^7$	20.62	14.00
13	156.22	$1.44×10^7$	182.20	$1.62×10^7$	13.21	13.55	156.22	$1.44×10^7$	182.20	$1.55×10^7$	19.79	13.55
14	162.85	$1.47×10^7$	190.72	$1.66×10^7$	12.82	13.12	162.85	$1.47×10^7$	190.72	$1.59×10^7$	19.02	13.12

续表

碳交易价格(P_c)	对称信息						非对称信息					
	e_{mL}^{*TS}	t_L^{*TS}	e_{mH}^{*TS}	t_H^{*TS}	p_{tL}^{*TS}	p_{tH}^{*TS}	e_{mL}^{*TA}	t_L^{*TA}	e_{mH}^{*TA}	t_H^{*TA}	p_{tL}^{*TA}	p_{tH}^{*TA}
15	169.87	1.50×10⁷	199.86	1.70×10⁷	12.45	12.72	169.87	1.50×10⁷	199.86	1.62×10⁷	18.29	12.72
16	177.31	1.52×10⁷	209.67	1.74×10⁷	12.11	12.35	177.31	1.52×10⁷	209.67	1.66×10⁷	17.61	12.34
17	185.21	1.55×10⁷	220.23	1.78×10⁷	11.78	11.99	185.21	1.55×10⁷	220.23	1.70×10⁷	16.96	11.99
18	193.63	1.59×10⁷	231.64	1.83×10⁷	11.47	11.66	193.63	1.59×10⁷	231.64	1.75×10⁷	16.36	11.66
19	202.6	1.62×10⁷	244.00	1.88×10⁷	11.18	11.35	202.6	1.62×10⁷	244.00	1.80×10⁷	15.78	11.35
20	212.2	1.66×10⁷	257.43	1.94×10⁷	10.91	11.05	212.2	1.66×10⁷	257.43	1.85×10⁷	15.24	11.05
增加	增加	增加	增加	增加	减小	减小	增加	增加	增加	增加	减小	减小

比较表 5-5 和表 5-6 中非对称信息下的最优策略，可知碳税联合碳交易的复合减排机制不仅有效促进了生产商减排，而且使生产商获得了更高的转移支付，有利于生产商收益的优化。

二、生产商收益与社会福利

仅有碳税政策时对称信息下生产商针对 L 型和 H 型消费者收益分别为 $\pi_{mL}^{*S} = 2.7108 \times 10^6$ 和 $\pi_{mH}^{*S} = 2.3583 \times 10^6$，社会福利分别为 $W_{gL}^{*S} = 9.8197 \times 10^6$ 和 $W_{gH}^{*S} = 1.0325 \times 10^7$，而非对称信息下生产商收益为 $\pi_m^{*A} = 2.7376 \times 10^5$，社会福利为 $W_g^{*A} = 1.0123 \times 10^7$，比较非对称信息与对称信息下生产商收益和社会福利，可以得到 $\pi_m^{*A} < \pi_{mH}^{*S} < \pi_{mL}^{*S}$，$W_{gL}^{*S} < W_g^{*A} < W_{gH}^{*S}$。

在碳税联合碳交易机制下，由图 5-2 可知，尽管政府分配给生产商的碳配额小于初始单位产品碳排放，但是生产商可以通过努力减排以获得多余的碳配额并在碳交易市场中交易获取额外的收益，并且随着碳交易价格的提高，生产商收益不断增加。对称信息下 L 型消费者对应的生产商收益小于 H 型消费者对应的收益。非对称信息下生产商收益小于对称信息下生产商收益，结合表 5-6 可知，在生产商减排量未发生变化的情况下，这主要是由生产商支付给 H 型零售商额外的信息租金导致的。

由图 5-3 可知，随着碳交易价格的增加，社会福利增加，这不仅减小了生产商的负担，同时能够更加有效地促进生产商减排。对称信息下 L 型消费者对应的社会福利小于 H 型消费者对应的社会福利，非对称信息下的社会福利居于两类消费者对应的社会福利中间。考虑消费者低碳偏好的减排政策一方面减小了非对称信息对社会福利的影响，另一方面也减小了两种消费者类型差异对社会福利的影响。

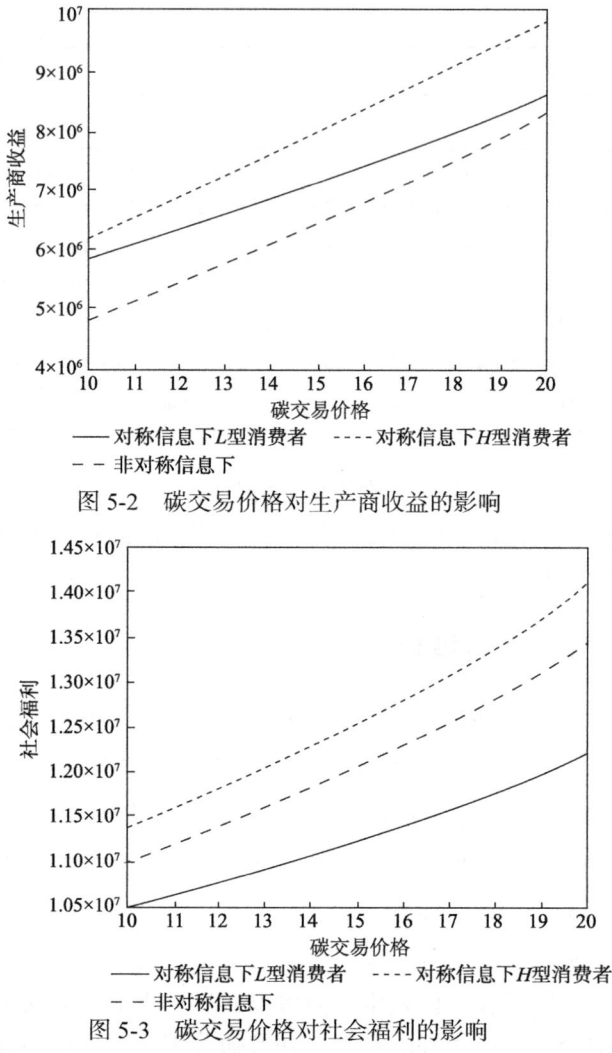

图 5-2 碳交易价格对生产商收益的影响

图 5-3 碳交易价格对社会福利的影响

比较模型一和模型二，碳税联合碳交易机制下生产商收益和社会福利均优于仅考虑碳税政策下的值，碳税联合碳交易政策有效促进了生产商减排。

第六节 结论和启示

一、主要研究结论

（1）无论信息对称与否，与 L 型消费者相比，H 型消费者对应的政府碳税税率更高，生产商减排量和得到的转移支付更高，碳交易降低了碳税税率，提高了生产商减排量和得到的转移支付。

（2）模型一研究了碳税政策下供应链中生产商减排策略，针对 H 型消费者，非对称信息与对称信息下政府碳税税率相等，因此非对称信息下生产商减排量与对称信息下的值相等，但是非对称信息下生产商得到的转移支付始终小于对称信息下的值；针对 L 型消费者，尽管非对称信息下碳税税率大于对称信息下的值，政府给生产商施加了更大的减排压力，但是只有当消费者低碳偏好差异大于一定程度时，非对称信息下生产商减排量和得到的转移支付才大于对称信息下的值，否则非对称信息下生产商支付的信息租金还是会抵消一部分生产商减排带来的收益。

（3）模型二研究了碳税联合碳交易机制下供应链中生产商的减排策略，针对 H 型消费者，非对称信息下的政府碳税税率和生产商减排量与对称信息下的值相等；针对 L 型消费者，如果消费者低碳偏好之间的差异过小，可以通过调整碳交易价格使得非对称信息下生产商减排量和得到的转移支付大于对称信息下的值。生产商通过减排一方面可以获得相对较多的碳配额，另一方面可以减小政府征收碳税带来的费用，与单一碳税政策相比，碳税联合碳交易复合型减排政策更加灵活，碳交易价格能够削弱非对称信息对生产商减排及收益的影响。

（4）碳税税率和碳交易价格之间呈现负相关关系。由以上结论可知，在政府和消费者共同驱动下，以社会福利最优为目标的复合型减排机制不仅可以减小信息不对称对供应链减排的影响，同时能够推进碳交易政策的实施，将供应链纳入社会福利，生产商更努力地减排获得更多的转移支付，有效提高了消费者需求及其自身收益，并且增强了其与非核心企业之间的合作。

二、管理启示

将消费者纳入减排机制设计中，并以整个体系的社会福利最优为目标，将减排机制设计分为两个阶段：第一阶段，针对消费者隐匿低碳偏好导致的企业减排量的差异制定区别的碳税税率；第二阶段，考虑碳税税率与碳交易价格之间的融合问题，设计一个碳税和碳交易共存的复合减排机制。对于生产商，不仅要加强与上游供应商之间的合作，同时需要与下游零售商之间进行协作，以提高消费者对低碳产品的需求。在第一阶段中，生产商不仅需要考虑自身减排成本，同时需要考虑不同低碳偏好类型下政府征收碳税带来的环境惩罚成本；在第二阶段中，生产商应该尽可能地控制每一单位产品碳排放在碳配额的范围之内，并且实现碳税费用与碳交易费用之间的均衡。

随着 2022 年后政府对新能源汽车补贴的取消，以上管理启示对于新能源汽车的发展同样具有一定的指导意义。

（1）随着汽车企业联合上游供应商在新能源汽车生产能力方面的提升，汽车企业需要进一步考虑如何联合下游零售商共同提高新能源汽车的销量，汽车企业通过给予零售商额外的费用可以有效避免零售商隐匿消费者偏好信息的问题，进一步提高新能源汽车的销量。

（2）在碳税联合碳交易机制下，汽车企业一方面需要将碳税费用纳入新能源汽车生产成本，另一方面应该将节省出来的碳配额在碳市场中进行交易，进一步实现碳税费用与碳交易费用之间的均衡。

第七节 本章小结

在新能源汽车产业发展过程中，碳交易等市场机制将逐渐替代政府补贴政策与消费者共同驱动新能源汽车的发展。但是，无论是碳交易还是碳税，均未将消费者偏好纳入减排机制设计。在政府和消费者共同驱动下，政府目标是实现整个系统的社会福利最优。本章研究问题为非对称信息下，供应链上下游企业在政府和消费者共同驱动下如何实施减排策略。本章将供应链收益、政府收益、消费者剩余及环境损害成本纳入社会福利函数，分别构建碳税机制与消费者驱动，以及碳税联合碳交易机制与消费者驱动下减排模型，研究不同减排机制下供应链的减排策略。本章研究对非对称信息下减排机制的设计给予了启示，并为供应链在社会福利目标下的减排策略提供了最优实施方案。

第六章 结论与展望

政府和消费者对供应链减排发挥重要驱动作用，本书针对外部低碳驱动要素与供应链之间信息不对称问题，研究供应链上下游企业在外部低碳要素驱动下如何实施减排策略的问题。第一，关于政府与供应链之间信息不对称的研究，现有文献主要通过构建政府与企业之间委托-代理模型来解决此类问题，但是综合考虑逆向选择和道德风险问题的研究较少，且没有将企业置于供应链中进行研究。第二，关于消费者与供应链之间信息不对称研究，现有文献缺少从需求角度对消费者低碳偏好信息不对称方面的研究，并没有阐明非对称信息下企业减排与产品溢价之间的关系，且没有将企业置于供应链中进行研究。第三，同时考虑政府和消费者驱动时，缺少从非对称信息视角分析社会福利最优下供应链减排策略的研究，且没有将企业置于供应链中进行研究。本章对本书的主要工作和结论进行总结，并提出政策建议，最后指出本书可能存在的不足和研究展望。

第一节 全 书 总 结

（1）第三章研究了非对称信息下基于政府驱动的供应链的减排策略。分别构建政府与生产商之间的单层委托-代理模型及政府与供应链之间的双层委托-代理模型，设计政府激励契约，并对两种模型中供应链减排策略和收益进行了比较。①当生产商单独减排时，非对称信息下政府对生产商减排激励、生产商收益及生产商减排量均小于对称信息下的值，这主要是由非对称信息下政府和生产商需要共同承担市场风险造成的，减排成本高的生产商只能获得保留收益，而减排成本低的生产商始终可以获得额外的信息租金。②当生产商处于供应链中减排时，随着生产商对供应商减排的激励强度的增加，生产商自身更加努力地减排，同时收益也随之增加，但政府期望收益随着该减排激励强度的增加呈现先增加后减小的趋势，存在极大值，但是该极大值对于生产商并不一定是最优点。

对于生产商来说，考虑供应商减排至少不能小于其单独减排时的收益，如果生产商减排成本高，无论是否考虑供应商，其始终获得保留收益，如果生产商减排成本低，生产商总会不断地提高对供应商减排的激励强度以提高自身收益。生产商不断提高对供应商减排的激励强度对于政府来说未必是件好事，因为生产商对供应商过度的激励会使得政府得到的收益低于仅有生产商减排时的收益,甚至为负,此时政府宁愿以更低的补贴激励生产商减排。因此政府与生产商之间需要对供应商减排激励强度分布进行协商,使得在该区间内各自的收益均大于生产商单独减排时的收益。

因此,在政府激励契约下,生产商处于供应链中减排使得自身和政府期望收益至少不会比其单独减排时差,但是这并不是无条件的,需要生产商与政府协商对供应商减排的激励强度的分布区间才能实现。

(2)第四章研究了非对称信息下基于消费者驱动的供应链减排协调策略。构建生产商与消费者之间的委托-代理模型,在此基础上构建生产商与供应商的协调模型,设计非对称信息下的减排成本分担契约,并对两种模型中生产商减排策略和收益进行比较。①尽管产品价格不影响消费者需求,但是消费者只能接受有限的产品溢价,否则,消费者对产品的需求仅为基本需求,消费者需求不会随着生产商减排量的提高而增加。生产商针对 H 型消费者更加努力减排,并对产品施加更高的溢价。②非对称信息下生产商减排量和产品溢价均小于对称信息下的值,同时非对称信息下生产商收益大于对称信息下 L 型消费者对应的生产商收益,小于 H 型消费者对应的生产商收益。③当生产商处于供应链中减排时,消费者需求高于仅有生产商减排时的需求,生产商收益也相应地提高了,生产商降低了对 L 型消费者的减排量和产品溢价,提高了对 H 型消费者的减排量和产品溢价。与生产商单独减排情况相比,处于供应链中的生产商更加偏向于 H 型消费者,并且生产商向 H 型消费者支付的信息租金也有所降低。④与以往研究不同的是,考虑消费者影响的减排成本分担契约提高了生产商收益,但是生产商针对 L 型消费者设计协调契约带来的收益大于针对 H 型消费者设计协调契约带来的收益,这主要是因为生产商向 H 型消费者支付额外的信息租金抵消了一部分供应链协调带来的收益。

因此,考虑消费者需求时,生产商需要制定契约甄别消费者类型以获取消费者需求信息,并且替供应商分担一部分减排成本进一步优化自身收益,但是生产商向 H 型消费者支付额外的信息租金抵消了一部分供应链协调带来的收益。

(3)第五章研究了社会福利最优下供应链减排策略。构建非对称信息下的社会福利函数,将供应链纳入社会福利,设计考虑消费者低碳偏好的碳税机制及碳税联合碳交易机制。①当考虑由生产商和零售商构成的供应链系统时,生产商通过向下游零售商获取转移支付以弥补自身减排成本及其碳排放成本。②如果消费者为 H 型,无论是否考虑碳交易,非对称信息均不影响此时的碳税税率和生产商减排量,但是会降低生产商得到的转移支付,这主要是由于生产商必须向 H 型消费者对应的零售商支付额外的信息租金。③如果消费者为 L 型:单一碳税机制下,非对称信息下的碳税税率高于对称信息下的值,但是只有当碳税税率差异达到一定值时，非对称信息下生产商减排量和得到的转移支付才能大于对称信息下的值，这主要与消费者两种偏好类型之间的差异程度有关；碳税联合碳交易机制下，碳税税率与碳交易价格之间呈现负相关关系，非对称信息与对称信息下碳税税率差异与碳交易价格有关，当碳交易价格小于一临界值时，非对称信息下的碳税税率大于对称信息下的值，但是此时生产商减排量和得到的转移支付并不一定大于对称信息下的值，这不仅与碳交易价格有关，同时与非对称信息与对称信息下碳税税率之间的差异程度有关。④随着碳交易价格的上升，生产商更加努力减排，此时生产商收益和社会福利均上升，并且大于仅有碳税机制时的值。

因此，在政府和消费者共同驱动下，碳税的强制征收性推进了碳交易的实施，使得处于供应链中的生产商能够获取更多的转移支付，并且获得更高的消费者需求，碳交易价格可以降低信息不对称对生产商减排策略的影响，使得社会福利更优。

第二节 政 策 建 议

本书除拓展现有研究之外，更重要的是希望将研究应用于实践，根据本书研究内容和结论，分别从供应链层面和政府层面提出政策建议，以便更好地指导企业减排决策和政府政策设计。

一、供应链层面

（一）提高供应链核心企业减排主导地位，加强核心企业与非核心企业之间的合作

明确供应链上下游企业各自分工，强化核心企业领导能力，加强其对供应链碳足迹的管理能力，并开展对供应链上下游企业低碳化收益的评估活动，强化核心企业对自身及供应链其他成员减排收益的评估能力，实现源头减排（主要从调整能源结构、生产方式等方面进行减排）和下游减排（主要通过与上下游企业协作进行减排）共存的减排方式，有效促进整个供应链系统的低碳化运营。例如，宝洁推出了"宝洁供应商可持续发展记分卡"，根据记分卡的评估办法，宝洁供应商很容易看到宝洁在节能减排方面取得的进展，有利于供应商和宝洁共同探讨实现供应链节能减排的办法。这对于汽车企业等制造型企业也具有一定的借鉴意义，整车制造企业首先要不断提高生产过程中的清洁化水平，其次要鼓励上游供应商提供更加清洁的原材料，用于新能源汽车的开发和生产，最后要加强与下游零售商的合作，以获得更加准确的消费者需求信息。

（二）提高企业市场甄别能力，提供能够满足消费者差异化需求的产品

广泛开展企业市场调研活动，建立消费者类型甄别机制，加强企业对市场消费者类型的甄别能力，运用大数据、云计算及物联网等新一代信息技术，分析消费者购买行为，明确消费者低碳偏好的差异化程度，解决企业与消费者之间信息不对称问题。通过碳标签等方式，有效披露产品采购、生产及运输等整个生命周期内的碳排放，推进产品的低碳化认证进程。通过对消费者类型的甄别，从产品供给端进行改革，促使企业低碳化产品的全面覆盖，有效促使非低碳型消费者向低碳型消费者转变，全面提高消费者对低碳产品的需求。例如，近些年来新能源汽车企业推出的油电混合动力汽车能够在一定程度上同时满足市场中偏好燃油汽车和偏好新能源汽车消费者的需求。

二、政府层面

（一）提高政府环境监管能力，有效促进企业减排技术的创新

通过企业构建的实时碳排放信息管理平台，运用大数据等新一代信息技术，构建一整套政府环境监管系统，提高政府环境监管能力。设计奖惩相结合的激励机制，避免企业骗补事件发生，提高企业自主披露减排信息的积极性，有效减小政府与企业之间信息不对称造成的效率损失。在水泥、钢铁、石油化学工业、造纸及煤炭等行业中高能耗、高排放企业大力开展研究并推广先进低碳生产技术，如水泥企业的稀土永磁电机技术、钢铁企业的无旁通不成对换向蓄热燃烧节能技术、石油化学工业联合企业的新一代节能型乙苯催化脱氢制苯乙烯技术、造纸企业的化学制浆全无氯漂白新技术，以及煤炭行业的炼焦煤调湿风选技术等。促使生产技术落后的企业逐渐向具有新型绿色低碳生产能力的企业转型升级。例如，在新能源汽车产业中，政府设计奖惩结合的监管机制，使得仅生产燃油汽车的企业通过提高清洁化水平，向具有新能源汽车生产能力转型，对降低政府环境治理费用和提高汽车企业收益具有重要作用。

（二）设计考虑消费者低碳偏好的减排机制，促进碳税和碳交易间的融合

以社会福利最优为目标，根据消费者低碳偏好差异对企业制定对应的碳税税率，开展碳税试点工作，先对部分地区及部分行业中的企业进行碳税试点，进而在全国范围内推广。通过碳税税率与碳交易价格之间的互动，提高碳税与碳交易之间的融合度，加快复合减排机制的制定。针对高能耗、高排放的企业，采取低碳税、低配额、高碳价的减排政策，有效促进企业减排和提高社会福利水平。加速淘汰落后和过剩产能，利用碳税的强制征收性加快将节能减排产业中企业（如

新能源汽车企业）纳入碳交易体系的进程，使得真正投入到减排技术研发中的企业可以节省出更多的碳配额进行交易以获得更高的收益。

第三节　研究不足和展望

本书结合委托-代理理论、供应链契约理论和非合作博弈理论，研究了单一低碳要素驱动和多个低碳要素驱动下供应链的减排策略，本书研究达到了预期的目的，但仍不可避免地存在一定的局限性，未来研究将进一步从以下三方面展开。

（1）本书的局限在于并未考虑供应商减排成本信息不对称情况。由于本书将生产商作为供应链中核心企业，因此在第三章中假设了生产商隐匿自身减排量和减排成本信息造成的信息不对称情况，对于供应商隐匿自身信息情况做了简化，仅考虑了其与生产商之间的道德风险问题。下一步研究将针对政府与生产商之间信息不对称情况，考虑政府激励与惩罚并存的契约，进一步研究此种契约下生产商联合其他非核心企业减排的策略。

（2）本书分别研究了政府激励和消费者需求驱动下供应链减排策略，并未研究政府激励对消费者需求的影响机理，因为在生产商减排初期，政府激励目的通常是促进生产商投资低碳生产技术，较少考虑消费者，随着政府激励逐渐减小或取消，消费者对企业减排驱动作用逐渐增大，因此本书在第三章和第四章单独研究这两个要素驱动下生产商的减排策略。下一步研究将考虑政府与消费者之间的信息不对称对供应链减排的影响机理。

（3）本书研究的是两两参与者间的信息不对称，下一步研究可以考虑政府与生产商，以及生产商与消费者之间同时存在信息不对称的情况，构建政府、生产商及消费者的双层委托-代理模型，研究多主体信息不对称下供应链的减排策略。

参 考 文 献

白云涛，刘德海，宋雯彦，等.2016.我国节能减排政策设计的委托代理模型.数学的实践与认识，46(24)：1-7.
曹柬.2009.绿色供应链核心企业决策机制研究.浙江大学博士学位论文.
曹柬，胡丽玲，姚清钦，等.2015.基于激励理论的政府与逆向供应链系统协调机制.系统工程学报，30(6)：821-835.
常香云，钟永光，王艺璇，等.2013.促进我国汽车零部件再制造的政府低碳引导政策研究——以汽车发动机再制造为例.系统工程理论与实践，33(11)：2811-2821.
丁一.2010.基于委托代理的低碳经济发展激励机制构建.南京社会科学，(9)：151-155.
付丽苹，刘爱东.2012.征收碳税对高碳企业转型的激励模型.系统工程，30(7)：94-98.
高举红，王瑞，王海燕.2015.碳补贴政策下闭环供应链网络优化.计算机集成制造系统，21(11)：3033-3040.
郭本海，黄良义，刘思峰.2013.基于"政府-企业"间委托代理关系的节能激励机制.中国人口资源与环境，23(8)：160-164.
何大义，陈小玲，许加强.2016.限额交易减排政策对企业生产策略的影响.系统管理学报，25(2)：302-307.
侯玉梅，朱俊娟.2015.非对称信息下政府对企业节能减排激励机制研究.生态经济，31(1)：97-102.
黄帝，陈剑，周泓.2016.配额-交易机制下动态批量生产和减排投资策略研究.中国管理科学，24(4)：129-137.
雷宇.2016.信任缺失、逆向选择与信任重建——基于乳业危机的研究.财经研究，42(4)：81-91.
李剑，苏秦.2015.考虑碳税政策对供应链决策的影响研究.软科学，29(3)：52-58.
李剑，苏秦，马俐.2016.碳排放约束下供应链的碳交易模型研究.中国管理科学，24(4)：54-62.
李善良，左敏，朱道立.2005.厂商产品线设计的委托代理分析.中国管理科学，13(1)：117-121.
骆瑞玲，范体军，夏海洋.2014.碳排放交易政策下供应链碳减排技术投资的博弈分析.中国管理科学，22(11)：44-53.
马士华，林勇，陈志祥.2000.供应链管理.北京：机械工业出版社.
孟卫军.2010.基于减排研发的补贴和合作政策比较.系统工程，28(11)：123-126.
宋晓利.2016.民众低碳需求与企业低碳生产联动推进机制的构建.云南社会科学，(5)：69-73.
汤春华，曹二保，殷悦.2017.配额信息不对称时排放依赖型供应链契约.系统管理学报，26(2)：356-360.
唐金环，戢守峰，姜力文，等.2016.顾客有限"碳行为"偏好对选址-路径-库存联合优化的影响.中国管理科学，24(7)：110-119.
王贵东.2012.低碳经济的激励机制研究——基于委托代理拓展模型.中国地质大学学报（社会

科学版), 12(4): 19-25.

王芹鹏, 赵道致. 2014. 消费者低碳偏好下的供应链收益共享契约研究. 中国管理科学, 22(9): 106-113.

王文伟, 张丽莉. 2015. 电动汽车跑起来. 北京: 机械工业出版社.

夏良杰, 赵道致, 李友东. 2013. 基于转移支付契约的供应商与制造商联合减排. 系统工程, 31(8): 39-46.

谢鑫鹏, 赵道致. 2013. 低碳供应链企业减排合作策略研究. 管理科学, 26(3): 108-119.

谢鑫鹏, 赵道致, 刘永军. 2015. 需求具有碳排放敏感性的低碳供应链收益共享寄售契约. 系统管理学报, 24(1): 107-115.

徐爱, 胡祥培, 高树风. 2012. 家电绿色供应链中政府、企业、消费者三方博弈分析. 科技管理研究, 32(23): 236-240.

杨珺, 卢巍. 2014. 低碳政策下多容量等级选址与配送问题研究. 中国管理科学, 22(5): 51-60.

杨磊, 郑晨诗, 纪静娜. 2016. 碳信息不对称下的供应链谎报决策与协调研究. 中国管理科学, 24(4): 111-120.

游达明, 朱桂菊. 2014. 不同竞合模式下企业生态技术创新最优研发与补贴. 中国工业经济, (8): 122-134.

赵道致, 原白云, 徐春秋. 2014. 考虑消费者低碳偏好未知的产品线定价策略. 系统工程, 32(1): 77-81.

赵道致, 原白云, 徐春秋. 2016. 低碳环境下供应链纵向减排合作的动态协调策略. 管理工程学报, 30(1): 147-154.

赵黎明, 殷建立. 2016. 碳交易和碳税情景下碳减排二层规划决策模型研究. 管理科学, 1(1): 137-146.

周艳菊, 吴龙健. 2017. 碳限额交易机制下碳信息不对称对供应链的影响研究. 工业工程与管理, 22(4): 68-78.

朱庆华, 窦一杰. 2011. 基于政府补贴分析的绿色供应链管理博弈模型. 管理科学学报, 14(6): 86-95.

Abad P L, Jaggi C K. 2003. A joint approach for setting unit price and the length of the credit period for a seller when end demand is price sensitive. International Journal of Production Economics, 83(2): 115-122.

Achtnicht M. 2012. German car buyers' willingness to pay to reduce CO_2 emissions. Climatic Change, 113: 679-697.

Aguirre I, Beitia A. 2017. Modelling countervailing incentives in adverse selection models: a synthesis. Economic Modelling, 62: 82-89.

Altmann M. 2015. A supply chain design approach considering environmentally sensitive customers: the case of a German manufacturing SME. International Journal of Production Research, 53(21): 6534-6550.

Alvarez F, Camiña E. 2014. Moral hazard and tradeable pollution emission permits. The B.E. Journal of Theoretical Economics, 14(1):1-32.

Andreyeva T, Long M W, Brownell K D. 2010. The impact of food prices on consumption: a systematic review of research on the price elasticity of demand for food. American Journal of

Public Health, 100(2): 216-222.

Antelo M, Loureiro M L. 2009. Asymmetric information, signaling and environmental taxes in oligopoly. Ecological Economics, 68(5): 1430-1440.

Babich V, Li H T, Ritchken P, et al. 2012. Contracting with asymmetric demand information in supply chains . European Journal of Operational Research, 217(2): 333-341.

Bansal S, Gangopadhyay S. 2003. Tax/subsidy policies in the presence of environmentally aware consumers. Journal of Environmental Economics and Management, 45(2): 333-355.

Bazan E, Jaber M Y, El Saadany A M A. 2015a. Carbon emissions and energy effects on manufacturing-remanufacturing inventory models. Computers & Industrial Engineering, 88: 307-316.

Bazan E, Jaber M Y, Zanoni S. 2015b. Supply chain models with greenhouse gases emissions, energy usage and different coordination decisions. Applied Mathematical Modelling, 39(17): 5131-5151.

Bazan E, Jaber M Y, Zanoni S. 2017. Carbon emissions and energy effects on a two-level manufacturer-retailer closed-loop supply chain model with remanufacturing subject to different coordination mechanisms. International Journal of Production Economics, 183(part B): 394-408.

Bazoche P, Deola C, Soler L G. 2008. An experimental study of wine consumers' willingness to pay for environmental characteristics.12th Congress of the European Association of Agriculture Economists.

Belloni A, Lopomo G, Wang S Q. 2017. Resource allocation under demand uncertainty and private information. Management Science, 63(12): 4219-4235.

Bemporad R, Baranowski M. 2007. Conscious consumers are changing the rules of marketing. Are you ready? . Highlights from the BBMG Conscious Consumer Report.

Benjaafar S, Li Y Z, Daskin M. 2013. Carbon footprint and the management of supply chains: insights from simple models. IEEE Transactions on Automation Science and Engineering, 10(1): 99-116.

Bi G B, Jin M Y, Ling L Y, et al. 2017. Environmental subsidy and the choice of green technology in the presence of green consumers. Annals of Operations Research, 255: 547-568.

Bocken N M P, Allwood J M. 2012. Strategies to reduce the carbon footprint of consumer goods by influencing stakeholders. Journal of Cleaner Production, 35: 118-129.

Brécard D, Hlaimi B, Lucas S, et al. 2009. Determinants of demand for green products: an application to eco-label demand for fish in Europe. Ecological Economics, 69(1): 115-125.

Bushnell J B. 2011. Adverse selection and emissions offsets. Iowa State University Department of Economics Working Paper No. 11004.

Cachon G P. 2003. Supply chain coordination with contracts. Handbooks in Operations Research and Management Science, 11: 227-339.

Cachon G P, Lariviere M A. 2005. Supply chain coordination with revenue-sharing contracts: strengths and limitations. Management Science, 51(1): 30-44.

Cai W, Singham D I. 2018. A principal-agent problem with heterogeneous demand distributions for a carbon capture and storage system . European Journal of Operational Research, 264(1):

239-256.

Çakanyıldırım M, Feng Q, Gan X H, et al. 2012. Contracting and coordination under asymmetric production cost information. Production and Operations Management, 21(2): 345-360.

Carlier G, Dana R A. 2005. Existence and monotonicity of solutions to moral hazard problems. Journal of Mathematical Economics, 41(7): 826-843.

Cetinkaya B. 2010. Developing a sustainable supply chain strategy//Cuthbertson R, Cetinkaya B, Ewer G, et al. Sustainable Supply Chain Management: Practical Ideas for Moving Towards Best Practice. Heidelberg: Springer Berlin Heidelberg: 17-55.

Chen C. 2001. Design for the environment: a quality-based model for green product development. Management Science, 47(2): 250-263.

Chen X, Benjaafar S, Elomri A. 2013. The carbon-constrained EOQ. Operations Research Letters, 41(2): 172-179.

Chen X, Hao G. 2015. Sustainable pricing and production policies for two competing firms with carbon emissions tax. International Journal of Production Research, 53(21): 6408-6420.

Chen X, Luo Z, Wang X J. 2017a. Impact of efficiency, investment, and competition on low carbon manufacturing. Journal of Cleaner Production, 143: 388-400.

Chen X, Wang X J, Chan H K. 2017b. Manufacturer and retailer coordination for environmental and economic competitiveness: a power perspective. Transportation Research Part E: Logistics and Transportation Review, 97: 268-281.

Chitra K. 2007. In search of the green consumers: a perceptual study. Journal of Services Research, 7(1):173-191.

Choudhary V, Ghose A, Mukhopadhyay T, et al. 2005. Personalized pricing and quality differentiation . Management Science, 51(7): 1120-1130.

Ciliberti F, de Haan J, de Groot G, et al. 2011. CSR codes and the principal-agent problem in supply chains: four case studies. Journal of Cleaner Production, 19(8): 885-894.

Cohen M C, Lobel R, Perakis G. 2016. The impact of demand uncertainty on consumer subsidies for green technology adoption. Management Science, 62(5): 1235-1258.

Conlon J R. 2009. Two new conditions supporting the first-order approach to multisignal principal-agent problems. Econometrica, 77(1): 249-278.

D'Amato A, Dijkstra B R. 2015. Technology choice and environmental regulation under asymmetric information. Resource and Energy Economics, 41: 224-247.

D'Aspremont C, Jacquemin A. 1988. Cooperative and noncooperative R&D in duopoly with spillovers. The American Economic Review, 78(5): 1133-1137.

Ding H P, Zhao Q L, An Z R, et al. 2016. Collaborative mechanism of a sustainable supply chain with environmental constraints and carbon caps. International Journal of Production Economics, 181(part A): 191-207.

Dröge S, Schröder P J H. 2005. How to turn an industry green: taxes versus subsidies . Journal of Regulatory Economics, 27(2): 177-202.

Du H B, Li B L, Zuo J, et al. 2014. The optimal principal-agent model for the CO_2 allowance allocation under asymmetric information. http://ir.hksyu.edu.hk/jspui/bitstream/20.500.11861/

2573/1/Working_Paper_2014_Sep_Li.pdf[2021-12-10].

Du S F, Tang W Z, Song M L. 2016. Low-carbon production with low-carbon premium in cap-and-trade regulation. Journal of Cleaner Production, 134: 652-662.

Du S F, Zhu J A, Jiao H F, et al. 2015. Game-theoretical analysis for supply chain with consumer preference to low carbon. International Journal of Production Research, 53(12): 3753-3768.

Feng Q, Lai G M, Lu L X. 2015. Dynamic bargaining in a supply chain with asymmetric demand information . Management Science, 61(2): 301-315.

Frankhauser S, Tol R S J. 1996. Climate change costs: recent advancements in the economic assessment. Energy Policy, 24(7): 665-673.

Fuchs W, Skrzypacz A. 2015. Government interventions in a dynamic market with adverse selection. Journal of Economic Theory, 158: 371-406.

Gardete P M. 2016. Competing under asymmetric information: the case of dynamic random access memory manufacturing. Management Science, 62(11): 3291-3309.

Gerchak Y, Wang Y Z. 2004. Revenue-sharing vs. wholesale-price contracts in assembly systems with random demand. Production and Operations Management, 13(1): 23-33.

Ghosh D, Shah J. 2015. Supply chain analysis under green sensitive consumer demand and cost sharing contract. International Journal of Production Economics, 164: 319-329.

Giannoccaro I, Pontrandolfo P. 2004. Supply chain coordination by revenue sharing contracts. International Journal of Production Economics, 89(2): 131-139.

Grossman S J, Hart O D. 1983. An analysis of the principal-agent problem . Econometrica, 51(1): 7-45.

He L F, Zhao D Z, Xia L J. 2015a. Game theoretic analysis of carbon emission abatement in fashion supply chains considering vertical incentives and channel structures. Sustainability, 7(4): 4280-4309.

He P, Zhang W, Xu X Y, et al. 2015b. Production lot-sizing and carbon emissions under cap-and-trade and carbon tax regulations. Journal of Cleaner Production, 103: 241-248.

He R Y, Xiong Y, Lin Z B. 2016. Carbon emissions in a dual channel closed loop supply chain: the impact of consumer free riding behavior. Journal of Cleaner Production, 134: 384-394.

Helm C, Wirl F. 2014. The principal-agent model with multilateral externalities: an application to climate agreements. Journal of Environmental Economics and Management, 67(2): 141-154.

Hintermann B. 2010. Allowance price drivers in the first phase of the EU ETS. Journal of Environmental Economics and Management, 59(1): 43-56.

Hoffman W. 2007. Who's carbon-free?. Traffic World, 271(42):15.

Holmstrom B. 1982. Moral hazard in teams. The Bell Journal of Economics, 13(2): 324-340.

Holmstrom B, Milgrom P. 1987. Aggregation and linearity in the provision of intertemporal incentives. Econometrica: Journal of the Econometric Society, 55(2): 303-328.

Hu H Y, Zhou W L. 2014. A decision support system for joint emission reduction investment and pricing decisions with carbon emission trade. International Journal of Multimedia and Ubiquitous Engineering, 9(9): 371-380.

Huang X X, Hu Z P, Liu C S, et al. 2016. The relationships between regulatory and customer pressure, green organizational responses, and green innovation performance. Journal of Cleaner Production, 112: 3423-3433.

Huang Y S, Ho R S, Fang C C. 2015. Quantity discount coordination for allocation of purchase orders in supply chains with multiple suppliers . International Journal of Production Research, 53(22): 6653-6671.

Huang Z M, Li S X. 2001. Co-op advertising models in manufacturer-retailer supply chains: a game theory approach. European Journal of Operational Research, 135(3): 527-544.

Jaber M Y, Glock C H, el Saadany A M A. 2013. Supply chain coordination with emissions reduction incentives. International Journal of Production Research, 51(1): 69-82.

Jewitt I. 1988. Justifying the first-order approach to principal-agent problems. Econometrica, 56(5): 1177-1190.

Ji J N, Zhang Z Y, Yang L. 2017. Comparisons of initial carbon allowance allocation rules in an O2O retail supply chain with the cap-and-trade regulation. International Journal of Production Economics, 187: 68-84.

Jiang W, Chen X. 2015. Manufacture's production and pricing strategies with carbon tax policy and strategic customer behavior. Management Science and Engineering, 9(1): 30-35.

Jullien B. 2000. Participation constraints in adverse selection models . Journal of Economic Theory, 93(1):1-47.

Karlan D, Zinman J. 2009. Observing unobservables: identifying information asymmetries with a consumer credit field experiment. Econometrica, 77(6): 1993-2008.

Kerkkamp R B O, van den Heuvel W, Wagelmans A P M. 2018. Two-echelon supply chain coordination under information asymmetry with multiple types. Omega, 76: 137-159.

Kim B, Sim J E. 2015. Impacts of government and market on firm's efforts to reduce pollution. Cogent Economics & Finance, 3(1): 1062634.

Kuzemko C. 2015. Energy governance, suppliers and demand side management. EPG Working Paper No. 1503.

Laffont J J, Martimort D. 2002. The Theory of Incentives: The Principal-Agent Model. New York: Princeton University Press.

Lee C Y, Yang R N. 2013. Supply chain contracting with competing suppliers under asymmetric information. IIE Transactions, 45(1): 25-52.

Lei D, Li J B, Liu Z X. 2012. Supply chain contracts under demand and cost disruptions with asymmetric information. International Journal of Production Economics, 139(1): 116-126.

Li J L, Liu L W. 2006. Supply chain coordination with quantity discount policy. International Journal of Production Economics, 101(1): 89-98.

Li J, Su Q, Ma L. 2017a. Production and transportation outsourcing decisions in the supply chain under single and multiple carbon policies. Journal of Cleaner Production, 141: 1109-1122.

Li Q H, Li B, Chen P, et al. 2017b. Dual-channel supply chain decisions under asymmetric information with a risk-averse retailer. Annals of Operations Research, 257: 423-447.

Li Y N, Xu X J, Zhao X D, et al. 2012. Supply chain coordination with controllable lead time and asymmetric information. European Journal of Operational Research, 217(1): 108-119.

Liu C M, Wang T Y. 2017. The subsidy of environmental protection with incentive mechanism under asymmetric competitors. International Journal of Ecological Economics and Statistics, 38(1): 62-71.

Liu K N, Song H M. 2017. Contract and incentive mechanism in low-carbon R&D cooperation. Supply Chain Management: An International Journal, 22(3): 270-283.

Liu Y. 2009. Investigating external environmental pressure on firms and their behavior in Yangtze River Delta of China. Journal of Cleaner Production, 17(16): 1480-1486.

Liu Z G, Anderson T D, Cruz J M. 2012. Consumer environmental awareness and competition in two-stage supply chains. European Journal of Operational Research, 218(3): 602-613.

Loureiro M L. 2003. Rethinking new wines: implications of local and environmentally friendly labels. Food Policy, 28: 547-560.

Luo Z, Chen X, Wang X J. 2016. The role of co-opetition in low carbon manufacturing. European Journal of Operational Research, 253(2): 392-403.

Ma X, Ho W, Ji P, et al. 2018. Contract design with information asymmetry in a supply chain under an emissions trading mechanism. Decision Sciences, 49(1): 121-153.

Mafakheri F, Nasiri F. 2013. Revenue sharing coordination in reverse logistics. Journal of Cleaner Production, 59: 185-196.

Millard-Ball A. 2013. The trouble with voluntary emissions trading: uncertainty and adverse selection in sectoral crediting programs. Journal of Environmental Economics and Management, 65(1): 40-55.

Mirrlees J A. 1999. The theory of moral hazard and unobservable behaviour: part I. The Review of Economic Studies, 66(1): 3-21.

Motamedi A, Zareipour H, Rosehart W D. 2012. Electricity price and demand forecasting in smart grids. IEEE Transactions on Smart Grid, 3(2): 664-674.

Murtishaw S, Sathaye J. 2006. Quantifying the effect of the principal-agent problem on US residential energy use. LBNL-59773.

Nouira I, Frein Y, Hadj-Alouane A B. 2014. Optimization of manufacturing systems under environmental considerations for a greenness-dependent demand. International Journal of Production Economics, 150: 188-198.

Nouira I, Hammami R, Frein Y, et al. 2016. Design of forward supply chains: impact of a carbon emissions-sensitive demand. International Journal of Production Economics, 173: 80-98.

Oh S, Özer Ö. 2013. Mechanism design for capacity planning under dynamic evolutions of asymmetric demand forecasts. Management Science, 59(4): 987-1007.

Parag Y, Darby S. 2009. Consumer-supplier-government triangular relations: rethinking the UK policy path for carbon emissions reduction from the UK residential sector. Energy Policy, 37(10): 3984-3992.

Prescott E C, Townsend R M. 1984. Pareto optima and competitive equilibria with adverse selection and moral hazard. Econometrica, 52(1): 21-46.

Qi Q, Wang J, Bai Q G. 2017. Pricing decision of a two-echelon supply chain with one supplier and two retailers under a carbon cap regulation. Journal of Cleaner Production, 151: 286-302.

Qi X T, Bard J F, Yu G. 2004. Supply chain coordination with demand disruptions. Omega, 32(4): 301-312.

Rao P, Holt D. 2005. Do green supply chains lead to competitiveness and economic performance?. International Journal of Operations & Production Management, 25(9): 898-916.

Requate T, Unold W. 2001. On the incentives created by policy instruments to adopt advanced abatement technology if firms are asymmetric. Journal of Institutional and Theoretical Economics(JITE), 157(4): 536-554.

Roy R, Potter S, Caird S. 2005. People centred eco-design: factors influencing the adoption and use of low carbon products and systems. Paper for the ESRC Governance of Sustainable Technologies Network Workshop.

Schmit T M, Rickard B J, Taber J. 2013. Consumer valuation of environmentally friendly production practices in wines, considering asymmetric information and sensory effects. Journal of Agricultural Economics, 64(2): 483-504.

Sheriff G. 2008. Optimal environmental regulation of politically influential sectors with asymmetric information. Journal of Environmental Economics and Management, 55(1):72-89.

Shu T, Peng Z Z, Chen S, et al. 2017. Government subsidy for remanufacturing or carbon tax rebate: which is better for firms and a low-carbon economy. Sustainability, 9(1): 1-22.

Shuai C M, Ding L P, Zhang Y K, et al. 2014. How consumers are willing to pay for low-carbon products?—Results from a carbon-labeling scenario experiment in China. Journal of Cleaner Production, 83: 366-373.

Sucky E. 2006. A bargaining model with asymmetric information for a single supplier-single buyer problem. European Journal of Operational Research, 171(2): 516-535.

Sung J. 2005. Optimal contracts under adverse selection and moral hazard: a continuous-time approach. The Review of Financial Studies, 18(3): 1021-1073.

Taleizadeh A A, Rabie N. 2018. Studying the impact of quantity discount contract and cost-sharing contract on a two-echelon green supply chain profit. Journal of Industrial and Systems Engineering, 11(1): 24-49.

Toptal A, Özlü H, Konur D. 2014. Joint decisions on inventory replenishment and emission reduction investment under different emission regulations. International Journal of Production Research, 52(1): 243-269.

Uebelhoer K, Guder J, Holst J C, et al. 2013. Greenhouse gas management along the supply chain at Siemens. The 6th International Conference on Life Cycle Management.

Voigt G, Inderfurth K. 2011. Supply chain coordination and setup cost reduction in case of asymmetric information. OR Spectrum, 33(1): 99-122.

Wang Q P, Zhao D Z, He L F. 2016. Contracting emission reduction for supply chains considering market low-carbon preference. Journal of Cleaner Production, 120: 72-84.

Wei J, Govindan K, Li Y J, et al. 2015. Pricing and collecting decisions in a closed-loop supply chain with symmetric and asymmetric information. Computers & Operations Research, 54: 257-265.

Wilhelm M M, Blome C, Bhakoo V, et al. 2016. Sustainability in multi-tier supply chains: understanding the double agency role of the first-tier supplier. Journal of Operations

Management, 41: 42-60.

Xepapadeas A P. 1991. Environmental policy under imperfect information: incentives and moral hazard . Journal of Environmental Economics and Management, 20(2): 113-126.

Xiong L, Shen B, Qi S Z, et al. 2017. The allowance mechanism of China's carbon trading pilots: a comparative analysis with schemes in EU and California. Applied Energy, 185(part 2): 1849-1859.

Xiong Y, Yang J Q, Li Y M. 2016. Price and carbon emission decisions under pressures of consumer, regulator and competition. International Journal of Manufacturing Technology and Management, 30(1/2): 87-115.

Xu L, Su J. 2016. From government to market and from producer to consumer: transition of policy mix towards clean mobility in China. Energy Policy, 96: 328-340.

Xu X P, He P, Xu H, et al. 2017. Supply chain coordination with green technology under cap-and-trade regulation. International Journal of Production Economics, 183(part B): 433-442.

Yalabik B, Fairchild R J. 2011. Customer, regulatory, and competitive pressure as drivers of environmental innovation. International Journal of Production Economics, 131(2): 519-527.

Yang H X, Chen W B. 2018. Retailer-driven carbon emission abatement with consumer environmental awareness and carbon tax: revenue-sharing versus cost-sharing. Omega, 78: 179-191.

Yang H X, Luo J W, Wang H J. 2017. The role of revenue sharing and first-mover advantage in emission abatement with carbon tax and consumer environmental awareness. International Journal of Production Economics, 193: 691-702.

Yang L, Ji J N, Zheng C S. 2016. Impact of asymmetric carbon information on supply chain decisions under low-carbon policies. Discrete Dynamics in Nature and Society, 2016:1-16.

Yenipazarli A. 2017. To collaborate or not to collaborate: prompting upstream eco-efficient innovation in a supply chain. European Journal of Operational Research, 260(2): 571-587.

Young W, Hwang K, McDonald S, et al. 2010. Sustainable consumption: green consumer behaviour when purchasing products. Sustainable Development, 18(1): 20-31.

Yu Y G, Han X Y, Hu G P. 2016. Optimal production for manufacturers considering consumer environmental awareness and green subsidies. International Journal of Production Economics, 182: 397-408.

Zanoni S, Mazzoldi L, Zavanella L E, et al. 2014. A joint economic lot size model with price and environmentally sensitive demand. Production & Manufacturing Research, 2(1): 341-354.

Zhang Y J, Wang A D, Tan W P. 2015. The impact of China's carbon allowance allocation rules on the product prices and emission reduction behaviors of ETS-covered enterprises. Energy Policy, 86 : 176-185.

Zhao R, Zhou X, Jin Q, et al. 2017. Enterprises' compliance with government carbon reduction labelling policy using a system dynamics approach. Journal of Cleaner Production, 163: 303-319.

Zheng B R, Yang C, Yang J, et al. 2017. Pricing, collecting and contract design in a reverse supply chain with incomplete information. Computers & Industrial Engineering, 111: 109-122.

Zhu K, Weyant J P. 2003. Strategic decisions of new technology adoption under asymmetric information: a game-theoretic model. Decision sciences, 34(4): 643-675.

Zissis D, Ioannou G, Burnetas A. 2015. Supply chain coordination under discrete information asymmetries and quantity discounts. Omega, 53: 21-29.

附录　主要符号表

符号	含义
D	消费者需求
a	基本需求
q	产量
x_m	生产商单位产品碳排放
x_s	供应商单位原材料碳排放
e_m	生产商减排量，用单位产品减排量衡量，表示生产商减排投资水平，且 $e_m \in [0, X_m)$
e_s	供应商减排量，用单位原材料减排量衡量，表示供应商减排投资水平，且 $e_s \in [0, X_s)$
γ_m	供应商减排成本系数
γ_s	生产商减排成本系数
ρ_1	生产商风险规避系数
ρ_2	供应商风险规避系数
η	减排收益系数
w	供应商生产成本变动系数
v	生产商生产成本变动系数
s	单位原材料成本
f	单位原材料价格，且 $f > s + w$
c	产品批发价格，且 $c > f + v$
k	消费者低碳偏好
C_1	单位产品碳配额
p_c	碳交易价格
p_t	碳税税率